KARINA HAUFE

Gesundheitsratgeber keto-vegane Ernährung

So hilft keto-vegan bei Krankheiten und Beschwerden

90 alltagstaugliche Rezepte mit Nährwertangaben

humboldt

VORWORT

Liebe Leserin, lieber Leser,

wer sich bereits mit der keto-veganen Ernährung beschäftigt hat, weiß, dass wir uns mit einem umstrittenen Thema befassen. Umso wichtiger ist es für Sie, sich aus verlässlichen Quellen zu informieren. Mein Buch bietet Ihnen fundierte, belegte und aktuelle Informationen darüber, warum und wie Sie diese Ernährung für Ihre Gesundheit nutzen können.

Abgesehen vom schnellen initialen Gewichtsverlust kann eine keto-vegane Diät bei der Heilung von Diabetes Typ 2 helfen, außerdem wird diese Ernährungsform erfolgreich bei Kindern mit Epilepsie eingesetzt. Auch beim PCOS (polyzystischem Ovarialsyndrom) kann eine keto-vegane Ernährung helfen, weil der Hormonhaushalt durch die gesunden Fette in Balance gebracht werden kann. Weitere positive Effekte können sein: tieferer Schlaf, weniger Appetit und Heißhunger, verbesserte Konzentrationsfähigkeit und mehr Energie, weniger Blähungen und reinere Haut.

Zahlreiche Studien belegen außerdem, dass Veganer seltener an Übergewicht und Bluthochdruck leiden und damit auch seltener von Krankheiten wie Herzinfarkt, Krebs und Diabetes betroffen sind. Das liegt vermutlich zum einen daran, dass Menschen, die sich bewusster mit ihrer Ernährung beschäftigen, generell gesünder leben – zum anderen aber auch an den positiven gesundheitlichen Effekten einer pflanzenbasierten Ernährung.

Ich selbst bin an dieser Stelle mein bestes Testimonial. Während der langen Alzheimer-Erkrankung meiner Großmutter und im Rahmen meiner Aus- und Weiterbildungen im Bereich der Ernährung beschäftigte ich mich intensiv mit dem Thema Zucker und stieß sehr schnell in Richtung Low-Carb-Diäten vor. Ich hatte das Glück, eine Ausbilderin zu haben, die mir damals, vor nunmehr rund zehn Jahren, die ketogene Ernährung näherbrachte. Ich begann, diese zu testen, und bald darauf entschied ich mich für eine vegane Variante. Das gab es damals in Deutschland noch nicht. Mein Wohlbefinden verbesserte sich auf eine unglaubliche Art und Weise: Ich war nicht nur fitter und wacher, sondern auch wesentlich leistungsfähiger. Zudem gelang es mir, meine Schilddrüsenunterfunktion mit Hashimoto-Thyreoiditis „wegzuessen" – ich lebe seitdem beschwerdefrei. Bis heute habe ich die keto-vegane Ernährung bei zahlreichen Klienten mit unterschiedlichsten Beschwerden sehr erfolgreich angewandt.

Vegane Ernährung hat Vor- und Nachteile, ebenso wie eine ketogene Ernährung. Eine Kombination aus beidem stellt eine große Herausforderung dar und kann nicht leichtfertig in den Alltag integriert werden. Es ist daher wichtig, dass Sie als Leserin oder Leser sorgfältig prüfen, ob diese Ernährungsform für Sie geeignet ist, und dass Sie in jedem Fall im Vorfeld Ihren Arzt konsultieren.

Ich möchte ausdrücklich darauf hinweisen, dass eine keto-vegane Ernährung nicht uneingeschränkt und für jeden als Dauerkost zu empfehlen ist. Empfehlenswert ist jedoch eine Low-Carb-Ernährung mit stark reduziertem Kohlenhydratanteil, angemessenem Proteinanteil und leicht erhöhtem Fettanteil. Dies bietet Veganern einen Großteil der Vorteile der ketogenen Ernährung und stellt gleichzeitig bei ausreichendem Verzehr von Hülsenfrüchten, Obst und Gemüse eine gute Versorgung mit allen wichtigen Mikronährstoffen sicher.

Ich wünsche viel Spaß beim Lesen, Verstehen und vor allem beim Kochen und Essen!

Ihre

Karina Haufe

PS: Ich freue mich über neue Kontakte und Austausch mit Gleichgesinnten – gern auch mit Ihnen!

KETO-VEGANE ERNÄHRUNG ALS THERAPIE

Sie haben sich für diesen Ratgeber entschieden, weil Sie Ihre Gesundheit und Ihr Wohlbefinden mit einer keto-veganen Ernährung verbessern wollen. Dabei möchte ich Sie theoretisch und auch ganz praktisch unterstützen. In diesem Kapitel erläutere ich Ihnen die Wirkmechanismen und Vorteile der keto-veganen Ernährungsweise. Nach der Lektüre werden Sie in der Lage sein, die Chancen und Anwendungsbereiche ebenso wie Risiken und Kontraindikationen einer keto-veganen Ernährung zu erfassen und für sich selbst im Alltag umzusetzen.

Grundzüge der keto-veganen Ernährung

Ketonkörper entstehen, wenn der Körper seine Fettreserven oder Nahrungsfette abbaut.

Obwohl die ketogene Diät bereits seit mehr als 100 Jahren therapeutisch eingesetzt wird, wissen nur die wenigsten, was darunter zu verstehen ist. Eine ketogene Ernährung ist eine Form der Low-Carb-Diät. Sie ist extrem kohlenhydrat- und auch zuckerarm, dafür aber sehr fettreich. Namensgebend sind die sogenannten Ketonkörper. Sie werden in der menschlichen Leber gebildet, wenn wir unseren Körper zwingen, sich von der Kohlenhydrat- auf Fettverbrennung umzustellen. Durch den Kohlenhydratmangel verändert sich der Stoffwechsel und gerät in die sogenannte Ketose, die mit vielen gesundheitlichen Vorteilen verbunden ist.

Deutlich bekannter als die ketogene ist dagegen die vegane Ernährung. Auch sie ist eine Unterform, und zwar der vegetarischen, also der pflanzlichen Ernährung. Vegetarier legen den Schwerpunkt zwar auf pflanzliche Kost, essen aber Tierprodukte wie Eier und Milch, und oft auch Fisch. Veganer dagegen verzichten komplett auf tierische Lebensmittel und nehmen auch die Proteine ausschließlich über pflanzliche Kost auf. Das ist zumindest in den ersten Wochen und Monaten komplizierter, denn Sie benötigen viel mehr Wissen über die Inhaltsstoffe der Pflanzen.

Was ist der Stoffwechsel?

Unter dem Begriff Stoffwechsel werden alle biochemischen Vorgänge zusammengefasst, die innerhalb der Zellen ablaufen. Oder anders ausgedrückt: Die Bestandteile der zugeführten Nährstoffe werden in den Zellen verstoffwechselt – also abgebaut, umgebaut und zu neuen Produkten aufgebaut. Auf diese Weise sorgt der Körper rund um die Uhr für sich selbst, indem er die zugeführten Nährstoffe verwertet bzw. nutzt oder auf Reserven zurückgreift. So können sämtliche lebensnotwendigen Vorgänge und Funktionen unseres Körpers ordnungsgemäß ablaufen.

Der Energiestoffwechsel

Wenn wir verstehen wollen, in welchen Situationen Kohlenhydrate oder Fette, sogenannte Makronährstoffe, in unserem Energiestoffwechsel wichtig sind, müssen wir zunächst zwischen zwei Formen der Energiegewinnung unterscheiden, mithilfe derer unser Körper sich mit Energie versorgen kann: die aerobe und die anaerobe Energiegewinnung.

Beide Begriffe leiten sich von dem altgriechischen Wort aer ab, das „Luft" bedeutet.

Aerob bedeutet, dass Sauerstoff an der Energiegewinnung beteiligt ist. Beim aeroben Energiestoffwechsel werden Kohlenhydrate sowie Fette unter Verbrauch von Sauerstoff verbrannt und so Energie bereitgestellt. Das heißt, unsere Atmung und der Lungenkreislauf tragen zur Energiegewinnung teil.

Wenn der Körper dagegen anaerob arbeitet (an- für altgriechisch „nicht", „ohne"), kommt die Energiegewinnung ohne Sauerstoff aus. Grundsätzlich können Sie sich den anaeroben Energiestoffwechsel so vorstellen, dass der Körper für einige Zeit ohne den ansonsten notwendigen Sauerstoff Energie für die Muskeln zur Verfügung stellt. Dafür jedoch übersäuern durch das entstehende Laktat bei länger anhaltender Belastung die Muskeln.

Dreh- und Angelpunkt: Die Ketose

Sowohl für die aerobe als auch für die anaerobe Energiegewinnung werden also Fette und Kohlenhydrate benötigt. Die ketovegane Ernährung verzichtet aber weitgehend auf Kohlenhydrate – wie können wir dann ohne sie überhaupt überleben, geschweige denn leistungsfähig bleiben? Des Rätsels Lösung nennt sich Ketose. Es beschreibt eine weitreichende Veränderung unseres Stoffwechsels, wenn nahezu komplett auf Kohlenhydrate in der Nahrung verzichtet wird. In einer Anpassungsphase, die etwa ein bis zwei Wochen dauert und innerhalb derer unser Körper seine Kohlenhydratspeicher restlos leert, „lernt" unser Organismus, statt Kohlenhydraten Ketonkörper als primäre Energiequelle zu verwenden. Diese werden in der Leber aus Fettsäuren hergestellt und können Kohlenhydrate im Stoffwechsel komplett ersetzen. (Der kleine Rest an Kohlenhydraten, der etwa zur Speichelbildung verwendet wird, kann aus Eiweiß selber hergestellt werden über einen Prozess, der sich Gluconeogenese nennt.)

Die Leistungsfähigkeit bei einer keto-veganen Ernährung ist vergleichbar mit der herkömmlichen Ernährung.

Die Leistungsfähigkeit bei einer keto-veganen Ernährung ist vergleichbar mit einer normalen Ernährung, da sich der etwas langsamere Stoffwechsel mit der etwas höheren Energie, die Ketonkörper liefern, ausgleicht. Bei einigen Erkrankungen können durch diese Veränderung im Stoffwechsel deutliche Verbesserungen in der Symptomatik beobachtet werden. Ganz entscheidend sind hierbei die drei Ketonkörper, die auf bestimmte Strukturen in unserem Körper, im Gehirn und im Nervensystem schützende Wirkungen haben.

Anwendungsbereiche der keto-veganen Ernährung

Grundsätzlich kann man zwischen einer medizinisch indizierten bzw. therapiebegleitenden keto-veganen Diät und einer etwas „milderen" Form der keto-veganen Ernährung zum Erreichen individueller Gewichtsziele unterscheiden. Dieses Buch hat den Einsatz dieser Ernährungsform als therapiebegleitende Maßnahme bei verschiedenen Erkrankungen zum Inhalt. Von einer Ernährungsumstellung profitieren Sie auch, wenn Sie abnehmen möchten – was nicht nur ganz allgemein, sondern etwa auch bei Diabetes Typ 2 einen Vorteil bietet.

Makronährstoffe im richtigen Verhältnis

Unter Makronährstoffen versteht man die drei Nährstoffgruppen Kohlenhydrate, Proteine und Fette. In einer „normalen", gesunden Ernährung sollte die Verteilung laut der Deutschen Gesellschaft für Ernährung e.V. (DGE) ungefähr so aussehen: Kohlenhydrate: 55 Prozent, Eiweiß: 15 Prozent, Fette: 30 Prozent. Bei der Keto-Diät fällt diese Verteilung anders aus. Wie diese individuell berechnet aussieht, erfahren Sie im Abschnitt „Die ketogene Ratio“. Zunächst jedoch ein Überblick über die Rolle der Makronährstoffe in der keto-veganen Ernährung.

Kohlenhydrate

Wie bereits erwähnt, wird bei der keto-veganen Ernährung die Aufnahme von Kohlenhydraten stark gesenkt, um die Ketogenese (die Herstellung von Ketonkörpern) zu fördern. Wie viele Kohlenhydrate konsumiert werden dürfen, hängt von verschiedenen Faktoren ab, etwa von Alter, Geschlecht, sportlicher Betätigung, Stress oder auch Krankheiten wie Hashimoto-Thyreoiditis. Eine sportliche Person jüngeren Alters, die einen guten Stoffwechsel und einen hohen Energieverbrauch hat, kann z. B. durchaus bis zu 50 g Kohlenhydrate am Tag zu sich nehmen und kommt dennoch in die Ketose.

> Wie viele Kohlenhydrate konsumiert werden dürfen, hängt von verschiedenen Faktoren ab.

Eiweiß

Bei der keto-veganen Ernährung handelt es sich nicht um eine protein-, also eiweißreiche Diät, denn zu viel Eiweiß kann die Bildung von Ketonkörpern behindern. Das liegt an einem Prozess, Gluconeogenese genannt, bei dem der Körper die Überversorgung an Eiweiß in dessen Bausteine, die Aminosäuren, umwandelt. Diese Aminosäuren wiederum werden in Glukose verwandelt, um aus ihnen Energie zu produzieren. Daher sollten Proteine nur moderat konsumiert werden.

Fett

Fett ist in der keto-veganen Ernährung der wichtigste Energielieferant. Weil dem Körper nur geringe Mengen an Kalorien aus Kohlenhydraten und eine moderate Menge Protein zur Verfügung stehen, beginnt er, Energie aus Fettreserven oder Nahrungsfetten zu gewinnen. Bei der keto-veganen Ernährung ist es sehr wichtig, genügend Fette zu sich zu nehmen. Und damit der Kör-

> Fett ist in der keto-veganen Ernährung der wichtigste Energielieferant.

per genügend Energie produzieren kann, muss er genügend Fette zur Verfügung gestellt bekommen, um nicht in ein zu großes Kaloriendefizit zu rutschen, das auf Dauer den Stoffwechsel verlangsamt.

Um ohne tierische Proteine nicht in den Hungerstoffwechsel, also in ein Absenken des Kalorienverbrauchs zu gelangen, müssen Sie ganz besonders darauf achten, ausreichend Fette aufzunehmen. Durch pflanzliche Proteine und ausreichend Fette bleiben Sie lange genug satt und nehmen zudem ausreichend Energie auf.

Mikronährstoffe: Wichtig!

Neben den Makronährstoffen gibt es auch lebenswichtige Mikronährstoffe, die wir zu uns nehmen müssen, damit unser Organismus gut funktioniert. Zwar weicht die keto-vegane Diät bei den Makronährstoffen weit von den Empfehlungen der DGE ab, bei den Mikronährstoffen können wir uns jedoch an ihre Empfehlungen halten. Wichtig sind vor allem: Vitamin B12, Eisen, Vitamin D3 und Kalzium.

Mehr Informationen dazu finden Sie im Kapitel „Mikronährstoffe im Blick behalten" ab Seite 68 und unter www.dge.de.

Zwei Methoden zur Berechnung der Makronährstoffmenge

Je nachdem, was Sie mit der keto-veganen Ernährung erreichen möchten, müssen Sie die Menge und das Verhältnis der drei Makronährstoffe Fette, Eiweiß und Kohlenhydrate individuell berechnen. Das gelingt mit der sogenannten ketogenen Ratio und mit der Berechnung der Anteile am Energiebedarf.

Die ketogene Ratio

Die ketogene Ratio bestimmt das Gewichtsverhältnis von Fett zu Kohlenhydraten und Eiweiß. Dafür werden sowohl der Energiebedarf (20 bis 80 Kalorien pro Kilogramm je nach Alter und Energieumsatz) als auch der Eiweißbedarf (0,8 bis zwei Gramm pro Kilogramm je nach Aktivität) berechnet, woraus eine Ratio, also ein Verhältnis, festgelegt wird (meist 3–4,5:1). Denn wie schon gesagt: Für eine wirksame Ketose dürfen Kohlenhydrate nur in minimaler Menge aufgenommen werden. Bei einer ketogenen Ratio von 4:1 beispielsweise besteht die Nahrung zu vier Gewichtsanteilen aus Fetten und zu einem Gewichtsanteil aus Kohlenhydraten plus Eiweiß.

Im Internet finden Sie entsprechende Rechner, die Sie ganz einfach ausfüllen können.

Die keto-vegane Diät kann zum Gewichtsmanagement eingesetzt werden, dient uns hier jedoch vorrangig als eine medizinisch angezeigte bzw. therapiebegleitende Diät. Je nach Zielsetzung kommt eine mildere oder eine strengere ketogene Ratio zum Einsatz. Die Unterschiede lassen sich in folgendem Beispiel veranschaulichen:

Je nach Zielsetzung kommt eine moderate oder eine strengere ketogene Ratio zum Einsatz.

Verteilung der Makronährstoffe

EMPFEHLUNG DER DGE	MODERATE KETO-VEGANE DIÄT	KETO-VEGANE DIÄT ALS THERAPIE
55 % Kohlenhydrate 15 % Eiweiß 30 % Fett	5–7 % Kohlenhydrate 20 % Eiweiß 70 % Fett	5 % Kohlenhydrate 15 % Eiweiß 80 % Fett
„normale", gesunde Ernährung	anwendbar zur Gewichtsreduktion	anwendbar bei pharmakoresistenten Epilepsien von Kindern und Jugendlichen und seltenen Stoffwechselstörungen im Gehirn, Krebserkrankungen, MS, Parkinson

Anteile am Energiebedarf

Die individuelle Zielsetzung und der Energieverbrauch beeinflussen sehr stark die Zusammensetzung Ihrer Nahrung. Die Berechnung anhand der ketogenen Ratio erfolgt immer über die Gewichtsanteile, während sich die Berechnung des einfachen Makronährstoff-Verhältnisses an den Gesamtkalorien orientiert. Es gibt hier also zwei verschiedene Berechnungsmethoden: Erstens die Berechnung der Keto-Ratio, die eher in Kliniken Verwendung findet, und zweitens die Berechnung über den prozentualen Anteil an den Gesamtkalorien, die eher im privaten Gebrauch zum Tragen kommt.

Um die keto-vegane Ernährung als Therapie erfolgreich einzusetzen, empfehle ich Ihnen das folgende prozentuale Makronährstoff-Verhältnis:

- täglich maximal 20–30 g bzw. 5 % Kohlenhydrate,
- ca. 1–1,5 g Proteine pro Kilogramm Körpergewicht sowie
- ca. 75 bis 80 % der Gesamtkalorien in Form von Fetten.

Die Rezepte in diesem Ratgeber helfen Ihnen, diese Werte zu erreichen.

Anders ausgedrückt bedeutet das für Ihren täglichen Energiebedarf auf keto-veganer Basis:

- 5 % Kohlenhydrate
- 15 % Eiweiß
- 75–80 % Fett

Im Folgenden finden Sie eine beispielhafte Berechnung der notwendigen Makronährstoffmengen für einen Tagesenergiebedarf von 2000 Kalorien bei 60 Kilogramm Körpergewicht. Berechnungsgrundlage ist die jeweilige Energieausbeute:

- 1 g Kohlenhydrate hat 4,1 Kalorien,
- 1 g Eiweiß hat 4,1 Kalorien und
- 1 g Fett hat 9,3 Kalorien.

1. Grundumsatz: 1350 Kalorien
2. Grundumsatz + Leistungsumsatz: 2000 Kalorien

Kohlenhydrate: 20 g x 20 g x 4,1 kcal = 82 kcal x 82 kcal : (4,1 kcal x 1 g) = 20 g Kohlenhydrate

Eiweiß: 60 kg Körpergewicht x 1 g = 60 g x 60 g x 4,1 kcal = 246 kcal x 246 kcal : (4,1 kcal x 1 g) = 60 g Eiweiß

Der Fettanteil berechnet sich dann folgendermaßen:
82 kcal (Kohlenhydrate) + 246 kcal (Eiweiß) = 328 kcal
2000 kcal (Grund- + Leistungsumsatz) – 328 kcal (Kohlenhydrate + Eiweiß) = 1672 kcal (Fett)
Fett: 1672 kcal : (9,3 kcal x 1 g) = ca. 180 g Fett

Noch einmal zusammengefasst: Bei einem Körpergewicht von 60 Kilogramm und einem angenommenen Gesamtenergiebedarf von 2000 Kalorien und 1 Gramm Eiweiß pro Kilogramm Körpergewicht täglich ergeben sich Nährstoffanteile von

- 20 g Kohlenhydrate pro Tag (5 % der Gesamtkalorien)
- 60 g Eiweiß pro Tag und (12 %)
- ca. 180 g Fett pro Tag (83 %)

Diese Makronährstoffzusammensetzung würde in etwa einer Keto-Ratio von 2:1 entsprechen.

Für 1,5 g Eiweiß pro Kilogramm Körpergewicht wären es entsprechend 90 Gramm Eiweiß pro Tag und es gälte folgende Rechnung:

- 20 g Kohlenhydrate pro Tag (5 % der Gesamtkalorien)
- 90 g Eiweiß pro Tag und (18 %)
- ca. 170 g Fett pro Tag (77 %)

Diese Makronährstoffzusammensetzung würde in etwa einer Keto-Ratio von 1,5:1 entsprechen.

Für eine therapeutische Keto-Ratio von circa 3:1 würden wir wie folgt rechnen:

- 13 g Kohlenhydrate pro Tag (3 %)
- 55 g Eiweiß pro Tag (11 %)
- ca. 185 g Fett pro Tag (86 %)

Gute Fette sind gut für den Cholesterinspiegel

Hartnäckig hält sich der Glaube, dass sich durch einen erhöhten Fettverzehr unsere Cholesterinwerte dramatisch erhöhen könnten. Viele Studien kommen da zu einem ganz anderen Schluss: Cholesterin stellt einen Schutzfaktor für das Gehirn dar.

Aktuell gelten folgende Referenzwerte:

Gesamtcholesterin: < 190 mg/dl (Diabetiker > 180 mg/dl)

HDL: > 40 mg/dl

LDL: < 115 mg/dl

LDL-Cholesterin ist der „schlechte" Bestandteil der Blutfette. Es transportiert Fette von der Leber in die Organe. Können die Körperzellen kein weiteres LDL-Cholesterin mehr aufnehmen, verbleibt es im Blut und kann sich als Teil von Ablagerungen in den Gefäßwänden einlagern. Mögliche Folge: Die Adern können sich verengen und es kann weniger Blut durchfließen. LDL-Cholesterin zählt somit zu den Auslösern für Arteriosklerose sowie Herzinfarkt oder Schlaganfall. HDL-Cholesterin dagegen transportiert überschüssiges Cholesterin aus dem Blut und Gewebe in die Leber, wo es abgebaut wird. Je mehr „gutes" HDL-Cholesterin im Blut vorhanden ist, desto mehr „schlechtes" LDL-Cholesterin kann es also „entsorgen" – und so die Gefäße schützen. Als günstig gelten daher Gesamtcholesterinwerte, bei denen der Anteil an LDL relativ niedrig, der an HDL dagegen relativ hoch ist.

Der Gesamtwert sagt also noch nichts über die gesundheitliche Wirkung aus. Wichtig ist vielmehr, LDL und HDL in ihrem Verhältnis zu betrachten. Der LDL/HDL-Quotient sollte unter 3 sein – und durch zu viele Kohlenhydrate und zu wenig Fett kommt es zu einem ungünstigen Anstieg dieses Quotienten. Zahlreiche Studien weisen darauf hin, dass eine fettreiche, kohlenhydratarme Ernährung die Cholesterinwerte im Blut eher positiv beeinflusst: Das Blutfettprofil verbessert sich, weil sich die HDL-Werte erhöhen und die LDL-Werte sinken. Durch einen gleichzeitig hohen Verzehr von Fett und Kohlenhydraten (z. B. mit Pizza, Burger, Currywurst mit Pommes) verschlechtert sich das Fettprofil und der HDL-Cholesterinwert würde sinken.

Die Ketose messen

Wenn Sie zum ersten Mal mit der keto-veganen Ernährung in Berührung kommen, können Sie an diesen Anzeichen erkennen, ob Sie in der Ketose sind:

- Sättigung bis lange nach den Mahlzeiten
- geregeltes moderates Hungergefühl
- keine Heißhungerattacken oder sugar cravings
- erholsamer Schlaf über Nacht
- leicht fruchtiger Mundgeruch

Die Ketose lässt sich mit einfachen Methoden ermitteln.

Wer schon Erfahrung mit der Ketose hat und seinen Körper gut kennt, kann sich meistens auf seine subjektive Körperwahrnehmung verlassen. Sollten Sie sich noch unsicher sein, ist es sinnvoll, die Ketose einfach zu messen. Gängige Methoden sind:

- **Keto-Sticks:** Damit bestimmen Sie den Gehalt der Ketonkörper im Urin. Um ein aussagekräftiges Ergebnis zu erhalten, testen Sie eine Woche lang täglich. Keto-Sticks bekommen Sie in der Apotheke. Sie sind eine einfache, wenn auch nicht hundertprozentig sichere Methode zur Ketosemessung.
- **Atemmessgerät:** Genauer als die Keto-Sticks sind Atemmessgeräte. Der leicht fruchtige Mundgeruch in der Ketose entsteht durch die erhöhte Acetonkonzentration in der Ausatemluft. Deren Konzentration misst man mit einem speziellen Atemmessgerät. Die Investition lohnt sich, wenn Sie regelmäßig mit der Ketose arbeiten möchten.
- **Bluttest:** Die Messung der Ketonkörper-Konzentration im Blut ist die präziseste Methode, um herauszufinden, ob Sie in der Ketose sind. Ketonkörpermessgeräte für den Eigenbedarf funktionieren mit einem kleinen Piks in die Fingerspitze und liefern sofort ein Ergebnis.

Die Vorteile der keto-veganen Ernährung für Ihre Gesundheit

Ketogene Ernährung auf den Punkt gebracht

Manche Menschen möchten durch eine Ernährungsumstellung auch einfach nur langfristig zur eigenen Gesunderhaltung beitragen.

Wer sich für eine keto-vegane Ernährung entscheidet, nimmt nur ein Minimum an Kohlenhydraten zu sich und verzichtet dabei vollständig auf handelsüblichen raffinierten Zucker. Die Energie wird nicht mehr aus Kohlenhydraten und Fett gewonnen, sondern aus Fett und Ketonen.

Bei vielen Erkrankungen, wie z. B. Krebs, Epilepsie, Rheuma oder Alzheimer, für die es keine vollständige Heilung oder nur erfolglose Therapieversuche gibt, kann es durch keto-vegane Ernährung zu einer Linderung oder Besserung kommen.

Auch im Kraftsport finden sich zahlreiche Anhänger einer modifizierten ketogenen Diät, nämlich der anabolen Diät. Das Ziel ist hier, den Muskelaufbau und den Fettabbau zu fördern. Dabei ernährt man sich fünf bis sechs Tage pro Woche ketogen mit einem für den Muskelaufbau optimierten Proteinanteil. Ein bis zwei Tage pro Woche sind die sogenannten Ladetage, an denen Kohlenhydrate gegessen werden dürfen, und zwar mehr als nur die bei einer ketogenen Ernährung üblichen 20 bis 30 Gramm am Tag.

Ein weiteres Motiv für die ketogene Ernährung ist die Aussicht auf eine zügige Gewichtsabnahme. Allerdings sollten Sie wissen: Das verlorene Gewicht wird auch sehr schnell wieder zugenommen, wenn Sie abrupt in das alte Ernährungsverhalten zurückfallen. Wichtig ist, die kritische Kohlenhydratschwelle zu kennen und diese nicht zu überschreiten, um das Gewicht dauerhaft zu halten.

Wenn wir auf eine stark kohlenhydratbegrenzte Ernährung umstellen, nehmen wir wesentlich weniger Glukose zu uns und es muss wesentlich weniger Insulin bereitgestellt werden. Da die

Energiegewinnung über Fette und Ketone sichergestellt ist und unser Gehirn weiterhin mit Kohlenhydraten versorgt ist, da in der Leber Eiweiß in Kohlenhydrate umgewandelt wird, benötigen wir überhaupt keinen zusätzlichen Zucker über die Nahrung. Vorteil ist, dass wir kaum Fett einlagern, weniger Zucker im Blut haben (und dadurch weniger Entzündungsprozesse) und dass wir weniger Insulin produzieren.

Insulin ist ein Wachstumsfaktor, der sich generell fördernd auf das Zellwachstum auswirkt. Dies ist insbesondere beim Tumorwachstum von Bedeutung. Insulin ist auch ein Aktivator, der die zellaufbauende Wirkung von Steroiden und dem Wachstumshormon erhöht. Außerdem fungiert Insulin als Entzündungsmediator und fördert somit Entzündungsprozesse in unserem Körper. Insulin ist auch das sogenannte Fettspeicherhormon. Es sorgt dafür, dass wir Fett in den Fettzellen einlagern.

Vorteile der ketogenen Ernährung zusammengefasst

- Ketogene Ernährung ist eine alternative Therapiemöglichkeit bei Erkrankungen wie z. B. Epilepsie. Sie hat außerdem positive Effekte als begleitende Therapie z. B. bei Krebs, Alzheimer, Diabetes und Multipler Sklerose.
- Der Blutzuckerspiegel sinkt, weil kein Einfachzucker mehr vorhanden ist, und bleibt weitgehend stabil.
- Ketogene Ernährung führt zu einem höheren Energielevel, gesteigerter Konzentration und besserem Schlaf.
- Die Energieversorgung erfolgt über körpereigenes Fett und Ketonkörper.
- Mithilfe der ketogenen Ernährung ist besonders zu Beginn eine schnelle Gewichtsreduzierung möglich.
- Fressattacken bleiben aus und durch den erhöhten Fettanteil entsteht ein stärkeres und längeres Sättigungsgefühl.

Vegane Ernährung auf den Punkt gebracht

Die Ernährung spielt eine große Rolle im Leben vieler Veganer, und eine Umstellung hat oftmals zur Folge, dass wir generell bewusster konsumieren. Veganer konsumieren oft mehr Ballaststoffe als Allesesser. Ballaststoffe schützen den Darm und sorgen für eine regelmäßige Verdauung. Sie transportieren Cholesterin ab und schützen vor degenerativen Erkrankungen, die durch Abnutzung oder Alterung von Zellen entstehen, wie Arthrosen oder Rückenprobleme. Pflanzen enthalten viele natürliche Antioxidantien und sekundäre Pflanzenstoffe, die vor Arthritis, Herz-Kreislauf-Erkrankungen und ebenfalls degenerativen Erkrankungen schützen. Isoflavone kommen vor allem in Sojabohnen vor und schützen vor Prostatakrebs und Brustkrebs und können einen positiven Einfluss auf die Knochengesundheit haben.

Für die Produktion von Fleisch wird wesentlich mehr Getreide benötigt als für eine Ernährung auf Pflanzenbasis. Bei bio-veganer Landwirtschaft kommt es nicht zur Überdüngung der Böden, was zum Erhalt des Ökosystems beiträgt. Insgesamt kann bei einer tierfreien Ernährung von einer besseren Ressourcennutzung und Klimabilanz ausgegangen werden. Eine tierfreie Ernährung trägt nicht zur Massentierhaltung bei und somit auch nicht zum weiteren Fortschreiten der Antibiotikaresistenz.

Vegan aus Überzeugung

Laut einer Studie der Universität Bielefeld geben 92,5 Prozent der Befragten ethische Gründe als Motiv für ihren veganen Lebensstil an. Zu ethischen Motiven zählen vor allem tierrechtsethische Motive, Antispezizismus (es wird kein Unterschied zwischen Mensch und Tier gemacht) und der Wunsch nach Abschaffung der Tierausbeutung. Doch nicht nur ethische Gründe, auch ein Verantwortungsgefühl für die eigene und die Gesundheit der Umwelt können eine Rolle bei der Entscheidung spielen, vegan zu leben.

Gesundheitliche Motive für eine vegane Ernährung finden sich hauptsächlich in der Vorbeugung von Krankheiten wie Krebserkrankungen oder Herz-Kreislauf-Erkrankungen, aber auch in der alternativen und komplementären Therapie. Studien konnten zeigen, dass Veganer ein geringeres Erkrankungsrisiko für Herz-Kreislauf-Erkrankungen, Adipositas und Diabetes haben. Außerdem wurde festgestellt, dass Veganer bessere Blutfettwerte aufweisen. Des Weiteren wurden positive Effekte einer veganen Ernährung auf die Darmflora sowie auf die Aufnahme von Vitamin E und Magnesium nachgewiesen. Durch eine tierproduktfreie Ernährung sollen Entzündungsprozesse im Körper gehemmt und vermindert werden. Sekundäre Pflanzenstoffe kommen in einer höheren Konzentration im Blut vor, wie beispielsweise Carotinoide und Isoflavone.

Gesundheitliche Motive für eine vegane Ernährung sind in erster Linie präventiver Art.

Bevor Sie eine ketogene Ernährung beginnen, sollten Sie mit Ihrem Arzt eventuelle Gegenanzeigen abklären und ausschließen.

Für wen ist keto-vegan nicht geeignet?

Bevor Sie eine keto-vegane Ernährung beginnen, sollten Sie mit Ihrem Arzt eventuelle Gegenanzeigen, sogenannte Kontraindikationen, abklären und ausschließen. Die wichtigste Kontraindikation für eine vegane-ketogene Ernährung sind Erkrankungen der Nieren. Sollten Sie von einer Nierenkrankheit betroffen sein, sollten Sie in jedem Fall vor einer ketogenen Ernährung Ihren behandelnden Nephrologen hinsichtlich der maximal vertretbaren Eiweißmenge zurate ziehen. Eine keto-vegane Kost ist unter Umständen möglich, muss jedoch eiweißärmer, fettreicher und individuell angepasst sein.

Des Weiteren gibt es einige Stoffwechselstörungen, bei denen eine ketogene Ernährung nicht zu empfehlen ist. Auch bei bestimmten Überempfindlichkeiten oder Unverträglichkeiten bezüglich einiger Eiweißstoffe kann eine angepasste ketogene Ernährung möglich sein.

Folgende Kontraindikationen sollten Sie kennen:

- Hyperurikämie und Gicht
- Fettsäureoxidationsstörungen in den Mitochondrien
- Ketogenese- oder Ketolysedefekte
- Gluconeogenesedefekte
- Hyperinsulinismus
- Enzymdefekte in der Bereitstellung von Fettsäuren
- Enzymdefekte in den Mitochondrien (Zellkraftwerken)
- Enzymdefekte bei Zuckerneubildung in der Leber
- Störungen der Bauchspeicheldrüse
- Störungen der Cholesterinverwertung
- Erkrankungen der Gallenblase/Cholezystektomie
- gegebenenfalls Histaminintoleranz
- Diabetes mellitus

Wenn Sie durch Ihre Zuckerkrankheit und erhöhten Blutzucker darauf angewiesen sind, regelmäßig Insulin einzunehmen, kann eine keto-vegane Ernährung dazu führen, dass Sie weniger Medikamente bzw. weniger Insulin einnehmen müssen. Wichtig ist jedoch, dass Sie besonders zu Beginn der keto-veganen Ernährung Ihren Blutzucker regelmäßig und oft kontrollieren, um eine gefährliche Unterzuckerung zu verhindern.

Auch nach einer Cholezystektomie (Entfernung der Gallenblase) kann eine keto-vegane Ernährung möglich sein, sofern die Fettmenge langsam gesteigert wird. Nach Entfernung der Gallenblase kann der Körper weiterhin Fett verdauen, jedoch in kleineren Mengen.

Mögliche Nebenwirkungen und Nachteile

Bisher konnte ich weder bei mir selbst noch bei Klienten, denen ich eine Umstellung auf keto-vegane Ernährung empfohlen habe, Nebenwirkungen feststellen. Allerdings kann es in einigen Fällen zur sogenannten Keto-Grippe kommen, die aber nach wenigen Tagen verschwindet: Bei Menschen, die auf eine therapeutische ketogene Diät umgestellt werden, können am Anfang der Diät Übelkeit und auch Erbrechen auftreten. Manche geben auch an, unter Müdigkeit oder Schläfrigkeit zu leiden.

> Eventuelle Nebenwirkungen sind meist von kurzer Dauer und verschwinden von selbst.

Es besteht die Möglichkeit, dass auf Dauer Nierensteine entstehen oder es zu Verstopfung kommt, insbesondere wenn der Eiweißanteil zu hoch bemessen ist. Während der Diät sollten daher die Nierenwerte regelmäßig kontrolliert werden. Achten Sie auf eine ausreichende Flüssigkeitszufuhr und zur Vorbeugung einer Verstopfung auf eine ausreichende Zufuhr erlaubter Ballaststoffe.

Disziplin und Durchhaltevermögen sind gefragt
Bei der keto-veganen Ernährungsform sind einige persönliche Eigenschaften wie Disziplin, eine hohe Motivation, etwas Zeit und Geduld erforderlich. Wenn Sie Ihre Ernährung entsprechend umstellen, bedenken Sie, dass es zu gemischten Reaktionen seitens Ihrer Familie und Ihrer sozialen Kontakte kommen kann, und planen Sie diese ein. Es kann helfen, sich vorab zu überlegen, wie Sie damit umgehen.

Die Lebensmittelauswahl ist bei einer keto-veganen Ernährung stark eingeschränkt, sodass es entsprechend schwieriger wird, alle kritischen Nährstoffe in ausreichender Menge aufzunehmen. Bei der keto-veganen Ernährung fallen eine Reihe von Eiweißquellen weg, die zu viele Kohlenhydrate enthalten, wie etwa Hülsenfrüchte, und es kann zu Nährstoffmangel kommen. Daher ist eine besonders sorgfältige Auswahl der Lebensmittel unerlässlich.

Folgende Nebenwirkungen können auftreten:

- Verstopfung
- Appetitverlust
- Übelkeit
- Dehydratation
- Hypoglykämie (Unterzucker)
- Hyperlipidämie (erhöhte Blutfettwerte)
- Mangelzustände: Eiweißmangel, Zinkmangel, Selenmangel, Thiaminmangel, Carnitinmangel
- Störungen im Kalzium-Phosphat- und Knochenstoffwechsel
- Wachstumsstörungen bei Kindern
- Pankreatitis
- kardiale (das Herz betreffende) Nebenwirkungen
- Störungen des Gerinnungssystems und hämatologische Nebenwirkungen
- Wechselwirkungen mit Medikamenten

Die keto-vegane Ernährung bei Erkrankungen

Diabetes Typ 2

Insulinresistenz kurz erklärt

Insulin ist ein wichtiges Hormon für den menschlichen Körper. Es wird in der Bauchspeicheldrüse produziert und reguliert die Menge der Nährstoffe, die im Blutkreislauf zirkulieren. Wenn man etwas isst, das Kohlenhydrate enthält, steigt der Blutzuckerspiegel an. Die Bauchspeicheldrüse schüttet daraufhin Insulin ins Blut aus. Dieses Insulin öffnet die „Zelltüren" für den Zucker, sodass der Blutzucker abfällt und der Zucker in der Zelle verwendet oder gelagert werden kann, um Energie bereitzustellen.

Liegt jedoch eine Insulinresistenz vor, stellen sich die Körperzellen sozusagen stur und reagieren nicht mehr ausreichend auf den Botenstoff Insulin. In der Folge sinkt der Blutzuckerspiegel nicht ausreichend ab und die Bauchspeicheldrüse schickt weiteres Insulin. Dies führt zu einem hohen Insulinspiegel im Blut, der sogenannten Hyperinsulinämie. Das Fatale an einem hohen Insulinspiegel ist, dass Insulin die Fettverbrennung hemmt, man also leichter an Gewicht zunimmt.

> Insulinresistenz ist zum Teil genetisch veranlagt: Ist ein Elternteil von Typ-2-Diabetes betroffen, haben die Kinder ein um 38 Prozent höheres Risiko, auch daran zu erkranken.

Dabei handelt es sich um einen Prozess, der über Jahre hinweg unbemerkt abläuft, bis die Bauchspeicheldrüse erschöpft ist und ein Teil ihrer Zellen die Insulinproduktion einstellt. Diese verminderte Insulinproduktion bei gleichzeitig steigenden Zuckerwerten ist der Zeitpunkt, an dem Typ-2-Diabetes diagnostiziert wird.

Wie so oft ist unser Lebensstil eine tragende Säule, wenn es um die Entwicklung einer Insulinresistenz geht. Meist besteht das Problem in einer Überversorgung mit Kalorien, insbesondere Zucker und Kohlenhydraten, die wir mangels Bewegung nicht in ausreichendem Maß verarbeiten. Der Zucker „staut" sich in den Zellen, wird nicht verbraucht und vom Körper für „schlechte Zeiten" in Fett umgewandelt. Dieser effiziente Mechanismus war in Zeiten von Nahrungsknappheiten sehr sinnvoll, kann uns heutzutage aber zum Verhängnis werden.

Wie kann die keto-vegane Ernährung helfen?

Die ketogene Ernährung trägt zu einer Verbesserung der Insulinresistenz bei.

Die ketogene Ernährung trägt zu einer Verbesserung der Insulinresistenz bei. In Studien konnten trotz des hohen Fettgehalts bei vielen Menschen die Blutfettwerte reduziert und das Gewicht gesenkt werden. Die Insulinausschüttung verringerte sich durch den geringen Kohlenhydratanteil. Dadurch stieg (in Kombination mit einer Gewichtsabnahme) die Sensibilität der Insulinrezeptoren wieder an, sodass sich das hormonelle Gleichgewicht sowie der Insulin- und Blutzuckerspiegel normalisierte. Mithilfe einer ketogenen Ernährung konnten im besten Fall sogar Medikamente abgesetzt werden.

Vor der Umstellung sollten Sie beim Arzt die folgenden Blutwerte testen lassen: Nüchtern-Blutzucker, Insulin, HbA1c, Triglyzeride LDL-/HDL-Cholesterin, GGT, ALA, CRP. Eine Umstellung auf keto-vegane Ernährung sollte dann schrittweise über eine Low-Carb-Variante durchgeführt werden, indem der Anteil der Kohlenhydrate stufenweise reduziert wird. Eine konstante Überwachung der Blutzuckerwerte ist die Voraussetzung für eine sichere Durchführung.

Epilepsie

Epilepsie kurz erklärt

Epilepsie ist eine der häufigsten vorübergehenden Funktionsstörungen des Gehirns. Ihr Kennzeichen sind epileptische Anfälle: Nervenzellen, sogenannte Neuronen, feuern im Gehirn plötzlich synchron und unkontrolliert Impulse für kurze Zeit ab. Derartige

Anfälle können unterschiedlich stark ausfallen, daher sind auch ihre Auswirkungen variabel. Manche Betroffene spüren beispielsweise nur ein leichtes Zucken oder Kribbeln einzelner Muskeln, andere wiederum sind kurzzeitig geistig abwesend oder wie weggetreten. Im schlimmsten Fall krampft der gesamte Körper unkontrolliert und der Patient wird kurz bewusstlos.

Bei einem epileptischen Anfall ist entweder das ganze Gehirn (generalisierter Anfall) oder ein begrenzter Hirnbereich (fokaler Anfall) plötzlich übermäßig aktiv. Er dauert oft nur wenige Sekunden, manchmal auch etwas länger. Meistens ist ein epileptischer Anfall jedoch spätestens nach zwei Minuten vorbei.

In der Nachphase können Aufmerksamkeitsstörungen, Sprachstörungen, Gedächtnisstörungen oder Aggressivität auftreten.

Wie kann die keto-vegane Ernährung helfen?

Untersuchungen deuten darauf hin, dass bei Epilepsie eine gestörte Gehirnfunktion bei der Kohlenhydratverwertung besteht. Eine Verminderung oder sogar Vermeidung solcher Störungen kann durch eine Energiebereitstellung über Ketonkörper erfolgen. Außerdem kann die Häufigkeit epileptischer Anfälle durch eine ketogene Ernährung gesenkt werden: Bis zu einem Drittel der Betroffenen gaben in einer Studie an, seltener unter Anfällen zu leiden, bei 60 Prozent reduzierten sich die Anfälle um mehr als die Hälfte.

> Die ketogene Kost bringt sowohl für Erwachsene als auch für Kinder Vorteile.

Zu den Ketonkörpern gehören die drei chemischen Verbindungen Acetoacetat, Beta-Hydroxybutyrat und Aceton. Für eine erfolgreiche Behandlung sollte die Konzentration von Beta-Hydroxybutyrat im Blut über 4 mmol/l liegen. Um diese Vorgabe schnellstmöglich zu erreichen, beginnt die Therapie üblicherweise mit einer Fastenperiode, denn in einer Hungerperiode produzieren wir Ketone, um die fehlende Glukose zu ersetzen. Der Fastenperiode folgt dann eine strenge ketogene Ernährung mit einer Keto-Ratio von 4:1 (siehe Seite 14).

Die Einleitung einer Ketose bei Epilepsiepatienten erfolgt stationär, damit auf mögliche Komplikationen schnell reagiert werden kann. Als Ergänzung dazu sollte der Betroffene umfassende Schulung durch erfahrene Ärzte und Diätfachkräfte erhalten. Besonders bei Kindern und ihren Familien ist es wichtig, dass die Lebensmittel fachgerecht berechnet, ausgewählt, gewogen und zubereitet werden.

In den ersten vier bis acht Wochen sollte nicht auf die Einnahme von Medikamenten verzichtet werden. Erst im weiteren Verlauf, wenn positive Auswirkungen der ketogenen Diät feststellbar sind, können Antikonvulsiva reduziert werden.

Zusätzlich ist eine Energiebeschränkung mit dem Ziel des Idealgewichts sinnvoll. Empfehlenswert ist eine tägliche Energiezufuhr von 80 Prozent des empfohlenen Energiebedarfs: Studien mit Mäusen und Ratten zeigten, dass allein eine Kalorienreduktion die Anzahl der epileptischen Anfälle reduzierte. Berichtet wurde zudem von positiven Veränderungen im Verhalten, bei der Aufmerksamkeit und im Konzentrationsvermögen sowie von einer Steigerung des allgemeinen mittleren Entwicklungsquotienten.

Bei gut einem Drittel der Betroffenen führt eine keto-vegane Diät zu wesentlich weniger Anfällen.

Ob jemand auf eine keto-vegane Ernährung als begleitende Therapieform bei Epilepsie anspricht, ist sehr individuell. Zu Beginn der Therapie sollten die Ziele genau definiert werden, damit nach etwa drei Monaten entschieden werden kann, ob die gewünschten Effekte eingetreten sind. Bei Menschen, die auf die Behandlung ansprechen, sogenannte Responder, sinkt bereits in den ersten Wochen die Anzahl der Epilepsieanfälle. Wer nach etwa zwölf Wochen nicht auf die Behandlung reagiert, wird es kaum mehr tun. Bei den Respondern wird eine ketogene Diät meist für zwei bis drei Jahre durchgeführt. Im Anschluss daran sollte die Kohlenhydratzufuhr langsam und stetig erhöht werden: Erfahrungsberichten des Johns-Hopkins-Hospitals zufolge kann die erreichte Besserung auch nach Beendigung der ketogenen Diät anhalten. Je nach Behandlungsverlauf und persönlichen Einstellungen kann die ketogene Ernährung jedoch auch weitergeführt werden.

Momentan wird erforscht, ob die ketogene Ernährung auch andere neurologische Störungen wie Schlafstörungen, Demenz, Parkinson, Migräne oder Schmerzen positiv beeinflussen kann.

Momentan wird erforscht, ob die ketogene Ernährung auch andere neurologische Störungen wie Schlafstörungen, Demenz, Parkinson, Migräne oder Schmerzen positiv beeinflussen kann.

Polyzystisches Ovarialsyndrom (PCOS)

PCOS kurz erklärt

Das polyzystische Ovarialsyndrom ist die häufigste Störung des weiblichen Hormonhaushalts. Zu den Symptomen gehören unter anderem perlmusterartig angeordnete Zysten in den Eierstöcken. Für die sichere Diagnose müssen zwei der folgenden drei Kriterien vorliegen:

- Zyklusstörungen aufgrund von Oligomenorrhoe (zu seltene Menstruationsblutung) oder Amenorrhoe (ausbleibende Menstruationsblutung)
- Hyperandrogenismus (stark erhöhter Androgenspiegel)
- polyzystische Ovarien

Bei vielen Patientinnen tritt schon während der Pubertät eine Ogliomenorrhoe oder sogar Amenorrhoe auf, bei der die Regelblutung weniger als neun Mal im Jahr auftritt oder ganz ausbleibt. Ursache dafür ist eine sogenannte follikuläre Selektionsstörung. Das bedeutet, der Prozess, bei dem aus den im normalen Zyklus entstehenden Follikeln ein dominanter ausgewählt und weiterentwickelt wird, ist gestört. Die Folgen sind Zyklusverlängerung und fehlender Eisprung.

Der erhöhte Androgenspiegel kann zu übermäßigem Haarwuchs, beispielsweise im Gesicht und auf der Brust, sowie zu Akne und auch Haarausfall führen.

Zudem leidet ein Großteil der betroffenen Frauen an Übergewicht und an Insulinresistenz, die unbehandelt zu Diabetes Typ 2 führen kann. Eine Insulinresistenz ergibt sich aus mehreren Faktoren: Eine kohlenhydratreiche Ernährung, zu wenig Bewegung und der hohe Androgenspiegel gehen hier Hand in Hand. Insulin wird auch als Fettspeicherhormon bezeichnet und hat somit indirekten Einfluss auf den Östrogenspiegel. Denn durch die fettspeichernde Wirkung fördert Insulin die Bildung von Östrogen, da Östrogen auch von Fettzellen gebildet wird. Durch diese Interaktion wird das hormonelle Ungleichgewicht weiter gestört und die Östrogendominanz gegenüber dem Progesteron gefördert.

Wie kann die keto-vegane Ernährung helfen?

Bei PCOS kann die keto-vegane Ernährung die Gewichtsabnahme unterstützen.

Die keto-vegane Ernährung kann bei einer angepassten Kalorienmenge die Gewichtsabnahme unterstützen. Dadurch, dass wenig Kohlenhydrate gegessen werden, bleibt der Blutzuckerspiegel weitgehend stabil. Somit können die Zellen wieder eine höhere Insulinsensitivität entwickeln und nehmen die Glukose im Blut wieder besser auf.

Auch der mit der Insulinresistenz verbundene erhöhte Östrogenspiegel kann durch keto-vegane Ernährung gesenkt werden, da weniger Insulin ausgeschüttet wird und auch der Körperfettanteil durch den Abbau von körpereigenem Fett zur Energiegewinnung sinkt.

Multiple Sklerose

Multiple Sklerose kurz erklärt

Multiple Sklerose ist eine Autoimmunkrankheit, bei der die Immunzellen die Nervenzellen des zentralen Nervensystems schädigen. Dabei werden die Myelinscheiden zerstört, die die Nervenfasern umgeben und schützen. Daraus resultieren neurodegenerative Veränderungen und eine erhöhte Empfindlichkeit der Nervenzellen. Das Immunsystem richtet sich also gegen die eigenen Nervenzellen. Doch auch die nicht-myelinisierten Zellen können geschädigt werden. Die schubweise Verlaufsform erklärt sich dadurch, dass der Körper die Myelinscheiden eine gewisse Zeitlang reparieren kann.

Der Verlauf einer Multiplen Sklerose kann nicht vorhergesagt werden, da die Schädigungen überall im zentralen Nervensystem auftreten können.

Es werden zwei Verlaufsformen unterschieden: der chronisch fortschreitende Typ und der schubweise verlaufende Typ. Ein typisches, aber nicht spezifisches Symptom der Erkrankung ist beispielsweise eine Sehstörung mit verminderter Sehschärfe und Doppelbildern.

Wie kann die keto-vegane Ernährung helfen?

Mit der ketogenen Ernährung lassen sich das Entzündungsgeschehen, die Cholesterin- und Myelinbildung, die Darmflora und die Aktivität der Immunzellen positiv beeinflussen.

Durch die Ketose ist eine bessere Energieversorgung des Gehirns gewährleistet, da der Körper aus Ketonen effizienter Energie gewinnen kann. Außerdem entstehen bei der Energiegewinnung aus Fetten – im Gegensatz zu der aus Glukose – keine Nebenprodukte. So sind ein Rückgang der Symptome, eine höhere Toleranz gegenüber Erschöpfung, eine bessere Lebensqualität und Leistungsfähigkeit sowie, je nach Zielsetzung, eine Gewichtsab- oder -zunahme zu erwarten.

Damit bei der Umstellung auf die keto-vegane Ernährung im Körper alles richtig läuft und die richtigen Prozesse angekurbelt werden, sollten regelmäßig die Blutfettwerte, insbesondere Triglyceride, sowie das HDL- und LDL-Cholesterin überprüft werden.

Krebserkrankungen

Krebserkrankungen kurz erklärt

Obwohl immer mehr Menschen an Krebs erkranken, sterben gleichzeitig weniger Menschen daran. Eigeninitiative und Lebensstilveränderung können dabei – neben besseren Behandlungsmöglichkeiten – ein entscheidender Faktor sein.

Der Stoffwechsel entarteter Zellen ist anders, weil dort Zucker zur Energiegewinnung nicht verbrannt, sondern vergoren wird. Das dabei entstehende Laktat hilft den Tumorzellen, sich aggressiv im Körper auszubreiten. Es greift die Zellwände des umgebenden Gewebes an, sodass die schnell wachsenden Tumorzellen ins Gewebe vordringen können. Die umliegenden gesunden Zellen werden in den programmierten Zelltod getrieben.

Der Biologe Dr. Johannes Coy entdeckte 1995, dass Tumorzellen bis zu 30-mal mehr Glukose verbrauchen als normale Zellen. Dafür findet die Beta-Oxidation (der biochemische Abbaumechanismus der Fettsäuren) praktisch nicht statt. Mit diesem Wissen kam es zu einem Aufschwung in der Tumortherapie, indem man eine Reduktion der Kohlenhydrate zur Schwächung bestimmter Tumorzellen therapeutisch einsetzte.

> Eine chinesische Studie zeigte, dass die ketogene Diät das Wachstum von Krebszellen bei tierischen und menschlichen Gehirnzellen hemmen konnte.

Eine chinesische Studie untersuchte die Effekte einer ketogenen Diät auf tierische und menschliche Hirnkrebstumore. Im Vergleich zu einer Standardernährung („Low-Fat-High-Carbohydrate"), verlängerte eine ketogene Ernährung die Lebenszeit und konnte das Wachstum von Krebszellen bei tierischen und menschlichen Gehirnzellen hemmen. Zusätzliche Studien zeigten, dass Diäten mit eingeschränkten Kohlenhydraten positiv auf Krebsbehandlungen wirken. Allerdings sollten die Nahrungsfette überwiegend aus Quellen mit Omega-3-Fettsäuren (Fisch, Fischöl, Leinöl, Rapsöl) statt aus Quellen mit Omega-6-Fettsäuren stammen, weil diese einen möglichen Zusammenhang mit bestimmten Krebsarten zeigen.

Wie kann die keto-vegane Ernährung helfen?

In der Krebstherapie kann therapiebegleitend eine ketogene Diät mit höherem Kalorien- und Proteinanteil eingesetzt werden. Gesunde Zellen können sich problemlos auch von Fetten und Ketonkörpern anstelle von Glukose ernähren, Tumorzellen jedoch nicht, denn sie haben Schwierigkeiten, diese Stoffe zu verstoffwechseln. Auch wenn man die Krebszellen nicht „aushungern" kann, bleiben durch eine keto-vegane Ernährung zumindest die Blutzuckerspitzen aus. So kommt es aufgrund des mangelnden „Baumaterials" zu einer Verlangsamung des Tumorwachstums.

Eine gesunde, vielfältige keto-vegane Ernährung, mehr Sport und der Verzicht auf Alkohol und Nikotin werden allein nicht ausreichen, um Tumorerkrankungen zu heilen. Diese Maßnahmen haben jedoch zahlreiche positive Einflüsse auf den Krankheitsverlauf.

> Eine gesunde, vielfältige keto-vegane Ernährung hat positive Einflüsse auf den Krankheitsverlauf.

Zu den Vorteilen einer richtigen Ernährung zählen die gute Nährstoff- und Energieversorgung des Körpers, die das Immunsystem und die Abwehrkräfte stärken, die Minimierung von Entzündungsvorgängen, die Verbesserung von Lebensqualität und allgemeinem Wohlbefinden und die Verminderung von Nebenwirkungen anderer Therapien.

Zusätzlich verhindert die ausreichende Zufuhr von Fetten den Abbau von Eiweiß und damit den Muskelschwund und Kraftverlust. Durch eine gute Proteinzufuhr wird der Körper außerdem mit wichtigen Aminosäuren versorgt, die das Immunsystem stärken, die Wundheilung unterstützen und den Muskelaufbau zusätzlich fördern. Durch eine keto-vegane und damit fettreiche Ernährung können auch ausgezehrte Betroffene ihr Gewicht wieder stabilisieren.

Krebszellen nutzen HDAC-Enzyme, um das Ablesen von Tumorsuppressor-Genen (also Genen mit tumorhemmenden Eigenschaften) auf der DNA zu verhindern. Die Aktivität dieser HDAC-Enzyme wird durch den Ketonkörper Beta-Hydroxybutyrat gehemmt. Außerdem verstärkt Beta-Hydroxybutyrat die Empfindlichkeit der Tumorzellen gegenüber Bestrahlungstherapien und die Wirkung der Chemotherapie auf Tumorzellen. Darüber hinaus blockiert Beta-Hydroxybutyrat Entzündungen und trägt zu einer geringeren Radikalbildung bei.

Die Nachteile und Nebenwirkungen der keto-veganen Ernährung im Rahmen der Krebstherapie sind sehr gering.

Keto-vegane Ernährung kann prinzipiell bei allen Krebserkrankungen therapiebegleitend eingesetzt werden, solange keine der allgemeinen Kontraindikationen vorliegt. Sie wird meist begonnen, wenn keine Chemotherapie, Strahlentherapie oder andere Therapien durchgeführt werden. Bei Tumorerkrankten kann es notwendig sein, eine Keto-Ratio von 4:1 anzuwenden.

Alzheimer-Demenz

Alzheimer-Demenz kurz erklärt

Diese neurodegenerative Erkrankung äußert sich durch eine zunehmende Verschlechterung der kognitiven Leistung, verbunden mit einer abnehmenden Fähigkeit, das tägliche Leben zu bewältigen. Zu den Symptomen der Alzheimer-Demenz zählen Verhaltensauffälligkeiten und verstärkte neuropsychiatrische Symptome, wie wiederholtes Fragen und Verlegen von Gegenständen. Die typischen Eiweißablagerungen, sogenannte Amyloid-Plaques, die sich im Gehirn von Betroffenen nachweisen lassen, werden soweit möglich medikamentös behandelt.

Zu den Risikofaktoren für Alzheimer zählen neben genetischer Disposition vorangegangene Schädel-Hirn-Traumata, Stoffwechselerkrankungen (z. B. Insulinresistenz, Diabetes mellitus und stark erhöhte Cholesterinwerte bei gleichzeitig schlechtem LDL-HDL-Verhältnis) und Erkrankungen des Herz-Kreislauf-Systems (z. B. Bluthochdruck, Arteriosklerose).

Bereits sehr früh im Krankheitsverlauf ist der Zuckerstoffwechsel gestört. Aufgrund der Schwierigkeiten der Hirnzellen bei der Glukoseverarbeitung kommt es zu einer Energieunterversorgung der Zellen. Sind nicht genügend „Rohstoffe“ vorhanden, um die Zellen adäquat zu versorgen, sterben die Hirnzellen kontinuierlich ab – was wiederum eine Abnahme der Hirnmasse und entsprechende Funktionseinbußen zur Folge hat. Darüber hinaus steht durch die Unterversorgung nicht ausreichend Acetylcholin zur Verfügung, einer der wichtigsten Neurotransmitter im menschlichen Organismus, was zu allgemeinen Leistungsschwächen führen kann.

Alzheimer-Betroffene, die in einer Studie ca. 40 g MCT-Öl pro Tag erhielten, schnitten bereits nach kurzer Zeit in kognitiven Tests besser ab. Die meisten Körperzellen, und so auch das Gehirn, können Ketonkörper zur Energiegewinnung nutzen. Hirnzellen werden durch Ketonkörper außerdem vor schädlichen Einflüssen und freien Radikalen geschützt.

Bekannt ist weiterhin, dass der Insulintransport nicht nur bei stark Übergewichtigen und Typ-2-Diabetikern, sondern auch bei Alzheimer-Betroffenen vermindert ist. Außerdem wirkt Insulin bei ihnen anders als in einem gesunden Organismus. Je höher der Insulinspiegel im Blut ansteigt, umso weniger Insulin gelangt ins Gehirn. Insulinresistenz und weitere chronische Entzündungen zählen dabei zu den grundlegenden metabolischen Störungen, die das Risiko, an Alzheimer zu erkranken, immens erhöhen.

Ein Artikel im *Journal of Alzheimer's Disease* vom Herbst 2012 kam zu dem Schluss, dass ältere Personen mit hohem Kohlenhydratverzehr fast viermal so häufig kognitive Einschränkungen aufwiesen als Menschen mit niedrigem Kohlenhydrat- und hohem Fett- und Proteinverzehr. Untersuchungen deuten des Weiteren darauf hin, dass ein geringer Verzehr pflanzlicher Lebensmittel das Risiko erhöht, an Alzheimer-Demenz zu erkranken.

Untersuchungen deuten darauf hin, dass ein geringer Verzehr pflanzlicher Lebensmittel das Risiko erhöht, an Alzheimerdemenz zu erkranken.

Wie kann die keto-vegane Ernährung helfen?

Ein wichtiges Ziel der Behandlung von Alzheimer sollte die Reduktion von Zucker sein, und das nicht nur bei Personen mit

Diabetes mellitus, sondern auch bei älteren Menschen, deren Blutzuckerwerte im hoch-normalen Bereich liegen. Am besten gelingt dies durch die Vermeidung von stark verarbeiteten, kohlenhydratreichen Produkten, die optimalerweise durch Eiweiß, Fette und Ballaststoffe ersetzt werden. Dadurch können die kognitiven Fähigkeiten einen Aufschwung erleben. Ein weiterer Einflussfaktor ist Schlaf: Ausreichend guter und gesunder Schlaf senkt nachweislich das Risiko, an Alzheimer zu erkranken.

Bei beiden Punkten hilft die keto-vegane Ernährung. Ist keine Glukose vorhanden, stellt der Körper auf die Produktion von Ketonen um, um die Organe und das Gewebe ausreichend mit Energie zu versorgen. Ketone können dabei zu ca. 70 bis 80 Prozent die Energieversorgung des Gehirns übernehmen. Darüber hinaus arbeiten Herz und Gehirn mit Ketonen mindestens 25 Prozent effizienter als mit Glukose. Langfristig betrachtet hat das also eine Steigerung der geistigen Gesundheit zur Folge. Zudem kann durch eine gesunde Ernährung das Risiko für weitere Krankheiten gesenkt werden. Ketone werden hauptsächlich in der Leber produziert, es können aber auch kleine Mengen Ketone von den Astrozyten, speziellen Zellen im Gehirn, aus MCT-Öl produziert werden.

Neben der Energieversorgung ist der Ketonkörper Beta-Hydroxybutyrat auch für gewisse Strukturen verantwortlich, die die Neubildung von Neuronen im Hippocampus verantworten. Der Hippocampus ist der Teil im Gehirn, der für das Lernen und das Gedächtnis verantwortlich ist.

Bei der Behandlung von Menschen mit Alzheimer müssen Behandlungsteam, Betroffene und ihre Bezugspersonen eng zusammenarbeiten. Für eine sachgerechte Durchführung der Ernährungsumstellung sollten regelmäßig die Urin- oder Blutketose überprüft werden.

Candidose

Candidose kurz erklärt

Candida sind eine Gruppe von Pilzen, die rund 200 Unterarten umfasst, wobei nur ein geringer Anteil davon beim Menschen zu finden ist. Einer der wohl bekanntesten ist der Hefepilz Candida albicans. Unter normalen Umständen bemerkt ein gesunder Mensch mit einem starken Immunsystem ihn nicht. Eine intakte Darmflora verhindert das übermäßige Wachstum des Hefepilzes, sodass gesundheitliche Beeinträchtigungen in der Regel ausbleiben.

> Candida sind eine Gruppe von Pilzen, die rund 200 Unterarten umfasst, wobei nur ein geringer Anteil davon beim Menschen zu finden ist.

Gefährlich wird es erst, wenn der Hefepilz unverhältnismäßig stark im Darm vorkommt oder auf andere Körperregionen übergeht. Das ist jedoch nur möglich, wenn das Immunsystem geschwächt ist oder die Darmflora aus dem Gleichgewicht geworfen wird. Ein erhöhtes Risiko haben beispielsweise Neugeborene, die den Pilz bei der Geburt von ihrer Mutter mitbekommen. Kommt es zu einem krankhaften Ausbruch, wird die Erkrankung Soor oder Candidose genannt.

Eine Candidose tritt lokal auf und macht sich durch einen weiß-gelblichen, hellen Belag auf den betroffenen Stellen bemerkbar. Diese Schicht ist abwischbar, kehrt aber für gewöhnlich wieder zurück. Typischerweise sind vor allem Mundhöhle, Zunge und Genitalschleimhäute betroffen. Deutlich seltener ist der Befall der Bindehaut der Augen oder der Haut unter den Nägeln und zwischen den Zehen. Ein klassisches Merkmal ist das Jucken und Brennen der befallenen Körperstellen.

Wie kann die keto-vegane Ernährung helfen?

> Eine Candida-albicans-Diät ist der keto-veganen Ernährung sehr ähnlich.

Pilze ernähren sich in erster Linie von Kohlenhydraten. Deshalb gibt es Ansätze, eine krankhafte Pilzbesiedelung mithilfe einer Candida-albicans-Diät zu behandeln. Diese Form der Diät ist einer keto-veganen Ernährung sehr ähnlich, denn in beiden Fällen wird weitgehend auf Kohlenhydrate und Zucker verzichtet. Somit soll dem Pilz die Nahrungsgrundlage genommen werden. Zudem wird auf allergene Lebensmittel wie Gluten- und Milchprodukte verzichtet, um das Immunsystem nicht zusätzlich zu belasten.

Es gibt noch keine Studien, die die Wirksamkeit wissenschaftlich belegen. Dennoch fördert eine abwechslungsreiche Ernährung mit einer hohen Ballaststoffzufuhr und einem geringen Zuckeranteil, wie sie bei einer keto-veganen Ernährungsweise zu finden ist, allgemein die Darmgesundheit.

Schilddrüsenfunktionsstörungen

Schilddrüsenfunktionsstörungen kurz erklärt

Die Schilddrüse übernimmt wichtige Aufgaben bei der Produktion der Hormone Thyroxin (T4), Trijodthyronin (T3) und Kalzitonin. T3 und T4 haben einen hohen Jodgehalt. Das aktive Schilddrüsenhormon ist T3, dabei wird bei der Herstellung ein Jodatom vom T4 abgespalten. Für die Anregung der Produktion der Hormone T3 und T4 ist TSH, das schilddrüsenstimulierende Hormon, verantwortlich. Kalzitonin wirkt auf den Blutkalziumspiegel: Durch die Ausschüttung dieses Hormons wird Kalzium aus dem Blut in die Knochen aufgenommen und fördert die Knochenbildung. Der Blutkalziumspiegel sinkt.

Schilddrüsenhormone übernehmen vielfältige Aufgaben: Sie haben Einfluss auf Herzaktivität und Blutdruck und somit auf das Herz-Kreislauf-System. Sie steuern außerdem den gesamten Stoffwechsel, damit einhergehend auch das Körpergewicht, die Insulinproduktion, die Cholesterinwerte sowie die Verdauung. Zusätzlich beeinflussen die Hormone die Psyche und den Muskelstoffwechsel. Relevante Mikronährstoffe für die Schilddrüse sind Jod, Selen und Eisen.

Bei einer Schilddrüsenüberfunktion werden zu viele Schilddrüsenhormone produziert. Anzeichen dafür sind:

- Gewichtsverlust
- erhöhte Körpertemperatur
- beschleunigter Herzschlag
- geweitete Pupillen
- nervöse Übererregbarkeit
- Schwitzen
- innere Unruhe
- Zyklusstörungen bei Frauen
- Haarausfall
- Durchfall

Bei der Hypothyreose, der Schilddrüsenunterfunktion, werden im Gegensatz zur Überfunktion zu wenig Hormone produziert. Häufig wird die Schilddrüsenunterfunktion durch Jodmangel verursacht. Symptome für eine Hypothyreose sind:

- Gewichtszunahme
- verlangsamter Stoffwechsel und Wachstum
- verminderte geistige Fähigkeit (bis hin zu Schwachsinn)
- Myxödeme (Schwellungen der Haut)

Bei einer Hyperthyreose werden zu viele Schilddrüsenhormone produziert, bei einer Hypothyreose zu wenige.

Eine ähnliche Symptomatik wie bei der Hypothyreose findet sich bei der Hashimoto-Thyreoiditis, einer Autoimmunerkrankung: Das körpereigene Immunsystem arbeitet gegen die Schilddrüse, und es kommt zur einer Schilddrüsenentzündung. Davon betroffen sind vor allem Frauen. Zu den Ursachen gehören genetische Veranlagung, aber auch Umwelteinflüsse oder Hormonveränderungen spielen eine wichtige Rolle.

Diagnostiziert wird Hashimoto über die Blutwerte sowie eine Ultraschalluntersuchung, wobei Gewebsveränderungen der Schilddrüse ein indizierender Faktor sind. Zu den Symptomen gehören:

- Müdigkeit, Erschöpfung, Antriebslosigkeit
- Gewichtszunahme

- Hautveränderungen
- Herzprobleme, hoher Blutdruck
- Magen-Darm-Beschwerden
- Gedächtnisprobleme, Konzentrationsbeschwerden

Schilddrüsenfunktionsstörungen und Hashimoto-Thyreoiditis werden medikamentös behandelt. Viele Betroffene suchen jedoch nach alternativen Therapiemöglichkeiten, um die Medikamente niedriger dosieren oder ganz absetzen zu können. L-Thyroxin ist der Wirkstoff, der häufig bei Hypothyreose und auch bei Hashimoto-Thyreoiditis verschrieben wird.

Wie kann mir die keto-vegane Ernährung helfen?

Mithilfe einer keto-veganen Ernährung kann der Energielevel erhöht und die Lebensqualität gesteigert werden. Typische Symptomatik einer Schilddrüsenunterfunktion ist ein verlangsamter Stoffwechsel, der häufig Übergewicht zur Folge hat. Hier bietet sich die keto-vegane Ernährung zur Gewichtsreduktion an. Gleichzeitig wird die Insulinsresistenz verbessert, wodurch die Hormonausschüttung wieder normal stattfinden kann.

Hierdurch werden neben den Schilddrüsenhormonen weitere Hormone, die unser Hunger- und Sättigungsgefühl regeln, positiv beeinflusst: Leptin ist ein Steuerhormon des menschlichen Körpers und beeinflusst wieder weitere Hormone wie LH, FSH, Schilddrüsenhormone, Testosteron, Östrogen und Ghrelin. Diese Hormone beeinflussen wiederum viele Stoffwechselprozesse, unter anderem den Kalorienverbrauch.

Endometriose

Endometriose kurz erklärt

Als Endometriose bezeichnet man gutartige Wucherungen der Gebärmutterschleimhaut außerhalb der Gebärmutter, die durch angesiedelte Endometriumzellen verursacht werden und dem hormonellen Monatszyklus unterliegen. Häufig greifen diese Wucherungen auf die Eileiter, den Darm, die Blase, das Bauchfell und in seltenen Fällen auch auf die Lunge über. Der Krankheitsverlauf dieser chronischen Erkrankung ist schwer vorhersehbar und individuell verschieden. Außerdem wirkt sich die Endometriose auf den Hormonhaushalt und das Immunsystem aus. Es kann zu inneren Blutungen mit Entzündungen, Vernarbungen und Zysten kommen. Vor allem während der Menstruation hat die Betroffene oft krampfartige Schmerzen und sehr starke Blutungen.

> Der Krankheitsverlauf bei Endometriose ist schwer vorhersehbar und individuell verschieden.

Außerdem ist Endometriose eine häufige Ursache von Unfruchtbarkeit und geht oft mit Schmerzen beim Geschlechtsverkehr einher. 40 bis 60 Prozent der Frauen, die aufgrund von Unfruchtbarkeit keine Kinder bekommen können, leiden an Endometriose.

Die Bauchspiegelung ist die einzige sichere Diagnosemethode und dient auch zur operativen Entfernung von Endometrioseherden. Dass nach einer solchen OP keine weiteren Beschwerden auftreten, ist aber nicht garantiert. Bei etwa 50 Prozent der Betroffenen muss von einem dauerhaften Therapiebedarf ausgegangen werden.

Da die Erkrankung östrogenabhängig ist, kann eine Besserung auch durch die Einnahme von Gelbkörperhormonen, z. B. Gestagenen, die die Östrogenproduktion im Körper verringern, erreicht werden. Bei Einnahme über mehrere Monate oder sogar Jahre trocknen die Endometrioseherde immer weiter aus und die Symptome werden gelindert. Eine ähnliche Wirkung wird mit der Anti-Baby-Pille erzielt. Auch nach den Wechseljahren tritt normalerweise eine Erleichterung ein, da die körpereigene Produktion an Östrogenen zurückgeht und sich die Erkrankung somit nicht weiter ausbreitet oder verschlechtert. Eine künstliche Menopause, die durch die Einnahme von sogenannten GnRH-Analoga herbeigeführt wird, ist ein effektives, aber selten eingesetztes Therapiemittel bei Endometriose. Diese Art der Therapie geht mit den typischen Symptomen der Wechseljahre einher.

Wie kann die keto-vegane Ernährung helfen?

Da in der Lebensmittelproduktion oft Gentechnik, Antibiotika und Hormone, auch Östrogene, eingesetzt werden, ist es sinnvoll, pflanzliche Lebensmittel aus biologischem Anbau zu bevorzugen.

Bei der Endometriose sind viele Entzündungsprozesse im Körper aktiv. Betroffene Frauen sollten demnach darauf achten, keine Lebensmittel zu essen, die Entzündungsprozesse begünstigen. Zu diesen Lebensmitteln gehören vor allem Zucker und Gluten, also alle Weizenprodukte. Im Sinne der keto-veganen Ernährung sollten diese Lebensmittel gemieden werden.

Durch eine kohlenhydratlastige Ernährung steigt die Gefahr einer Insulinresistenz, durch die im Fettgewebe unter anderem Östrogen gebildet wird, wodurch sich der Östrogenspiegel im Blut erhöht und die östrogenabhängigen Endometrioseherde weiter wuchern können. Außerdem gilt Insulin als Entzündungsmediator, der chronische Krankheiten aufrechterhält.

Auch Übergewicht ist im Zusammenhang mit Endometriose kontraproduktiv. Mithilfe der keto-veganen Ernährung ist es leichter, abzunehmen, da der hohe Anteil an Fett in den Nahrungsmitteln gut sättigt, man somit mit weniger Mahlzeiten auskommt und der Körper wiederum seine Energie rein aus Fetten gewinnt. Dennoch sollte man Geduld mitbringen, da Medikamente das Abnehmen verlangsamen können und der Körper unter starken Schmerzen oft keine Gewichtsabnahme zulässt.

Viele betroffene Frauen berichten über deutlich verminderte Energiereserven im Vergleich zum Zeitpunkt vor der Erkrankung. Durch eine Umstellung der Ernährung auf die keto-vegane Ernährung kann die Energie in großen Teilen wiedergewonnen werden, da der Körper aus den Ketonkörpern besser Energie gewinnen kann als aus der Verbrennung von Glukose.

Durch eine Umstellung der Ernährung verschwinden die Symptome der Endometriose nicht, aber sie können gelindert werden. Generell empfohlen ist eine Ernährung mit viel frischem Gemüse. Vor allem Brokkoli, Kohl, Beeren, Tomaten, Spinat, Kartoffeln, Bananen, Orangen und Grapefruit enthalten viele Antioxidantien wie Vitamin A, C, E und Selen und wirken daher entzündungshemmend. Für die Fette gilt: Algenöle sowie Körner und Samen wie Chiasamen, Leinsamen, Sonnenblumenkerne, Kürbiskerne und Nüsse liefern wichtige entzündungshemmende Omega-3-Fettsäuren. Eine gute Magnesiumversorgung und Vitamin B lindern während der Periode Krämpfe.

Morbus Parkinson

Morbus Parkinson kurz erklärt

Morbus Parkinson ist eine Erkrankung des Nervensystems, die vor allem das Gehirn betrifft. Dabei sterben Nervenzellen, die Dopamin produzieren und speichern, ab. Dopamin ist ein wichtiger Neurotransmitter, der unter anderem für die Bewegung, Koordination, Konzentration und Motivation zuständig ist.

Durch das Absterben der Neuronen bei Parkinson treten im Laufe der Zeit vermehrt Symptome auf. Dazu gehören gestörte und verlangsamte Bewegungen, Zittern, Muskelsteifheit sowie Haltungsstörungen. Zu den Begleiterscheinungen gehören Depressionen, Angst, Kreislaufprobleme, Magen-Darm-Beschwerden, Erektionsstörungen und eine gestörte Sinnes- und Schmerzwahrnehmung. Bei einer Parkinsonerkrankung leiden die Betrof-

> Generell sind Neurotransmitter für die Weiterleitung von Signalen im Körper verantwortlich.

fenen unter massiven Alltagsbeschwerden. Häufig sind Verdauungsprobleme ein erstes Zeichen.

Die Ursache für das Absterben der Neuronen ist noch ungeklärt und die Krankheit nicht heilbar. Dennoch ist mithilfe von Medikamenten ein weitestgehend angenehmes Leben möglich.

Ernährung ist vor allem im fortgeschrittenen Krankheitsverlauf ein schwieriges Thema, denn häufig stellt die Nahrungsaufnahme eine Herausforderung dar. Allgemein ist es wichtig, auf eine gesunde und ausgewogene Ernährung zu achten und alle Mineralstoffe und Spurenelemente zu sich zu nehmen.

Wie kann die keto-vegane Ernährung helfen?

> Ketonkörper beugen im Gehirn im Vergleich zur Glukose einem Energiemangel der Gehirnzellen vor.

Auch wenn Studien zur ketogenen Ernährung bei Menschen mit Parkinson bisher rar sind, zeigen sie ein großes Potenzial. Ketone wirken bei Krankheiten des Nervensystems wie Alzheimer oder Parkinson neuroprotektiv, sie schützen also die Nerven vor dem Absterben. Ursache dieser Wirkung sind wohl die Ketonkörper selbst, ihr entzündungshemmender Effekt sowie der geringe Blutzucker.

Zudem wird die sogenannte Autophagie angekurbelt. Das bedeutet, dass bereits abgestorbene Zellen besser entsorgt werden und der Körper gereinigt wird. Eine keto-vegane Ernährung hilft nicht nur, die abgestorbenen Zellen abzutransportieren, sie wirkt auch dem Zelltod, der Apoptose, entgegen. Insgesamt führt eine ketogene Ernährung bei Parkinson zu einer verbesserten Bewegungsfunktion und besserer Energieversorgung.

Migräne

Migräne kurz erklärt

Migräne ist ein anfallsartiger Kopfschmerz, der bei manchen Menschen täglich, bei anderen nur einmal im Jahr auftritt. Der Schmerz ist dabei pulsierend und oftmals nur in einer Kopfhälfte zu spüren. Hinzu kommen teils ausgeprägte Licht- und Lärmempfindlichkeit. Auch Appetitlosigkeit bis hin zu Übelkeit und Erbrechen können auftreten.

Während eines Anfalls weiten sich die Blutgefäße im Gehirn. Betroffene sind meistens so stark eingeschränkt, dass sie ihre Tätigkeiten unterbrechen und sich hinlegen müssen, denn körperliche Aktivität verschlimmert den Schmerz. Oftmals helfen starke Schmerzmittel nur wenig. Bei zehn bis 15 Prozent der Betroffenen kommt zusätzlich für 15 bis 30 Minuten eine Sehstörung, die sogenannte Aura, hinzu. Eine Migräneattacke kündigt sich oftmals mit Heißhungerattacken, Müdigkeit und Überempfindlichkeit an. Nach der eigentlichen Attacke treten diese Symptome wieder auf. Die Betroffenen nehmen oftmals, sobald sie die ersten Anzeichen verspüren, starke Medikamente ein, um den Alltag mehr oder weniger souverän zu überstehen.

> Eine Migräneattacke kündigt sich oftmals mit Heißhungerattacken, Müdigkeit und Überempfindlichkeit an.

Migräne ist unter anderem neurologisch bedingt, denn an der Hirnhaut kommt es kurzzeitig zu einer Fehlfunktion der schmerzregulierenden Systeme. Bei einem Anfall handelt es sich um eine Überreaktion und Entzündungsreaktion. Man vermutet, dass dies an einer Energieunterversorgung des Gehirns liegt. Hervorgerufen wird diese möglicherweise durch eine Störung in der Glukoseverbrennung bzw. des Glukosetransports.

Bei Migräne spielt auch die erbliche Veranlagung eine große Rolle. Für Migräneanfälle sind zudem häufig sogenannte Trigger verantwortlich. Ein Trigger kann beispielsweise der sich verändernde Hormonhaushalt bei Frauen innerhalb des Zyklus oder auch Alkohol oder Stress sein.

Wie kann die keto-vegane Ernährung helfen?

Bei Migräne handelt es sich unter anderem um eine Entzündungsreaktion im Körper, und eine keto-vegane Ernährung kann entzündungshemmend wirken. Indem man den Kohlenhydratanteil drastisch reduziert und vermehrt Fette zu sich nimmt, kann den Entzündungen im Körper entgegengewirkt und die Migräne verbessert werden.

Ein weiterer Vorteil einer keto-veganen Ernährung ist der insgesamt stabilere Blutzuckerspiegel. Dadurch, dass man durch einen niedrigen Kohlenhydratanteil keine Blutzuckerspitzen mehr hat, sondern die Energie aus den Ketonkörpern zieht, verhindert man den möglichen Migränetrigger von starken Blutzuckerschwankungen. Denn auch wenn es auf den ersten Blick seltsam erscheint, kann unser Gehirn durch eine kohlenhydratreiche Ernährung „hungern". Wenn unser Gehirn jedoch aus Ketonkörpern Energie gewinnt, ist die Energieversorgung gleichbleibend stabil.

Wer sich für eine keto-vegane Ernährung entscheidet, sollte besonders auf seinen Elektrolythaushalt achten, der sich durch die Ernährungsumstellung ändern kann und besonders bei überempfindlichen Migränepatienten nicht aus dem Gleichgewicht geraten sollte. Zu Beginn der Umstellung kann es außerdem sinnvoll sein, „fertige" Ketonkörper direkt über Nahrungsergänzungsmittel zu sich zu nehmen, um kurzzeitige Nebenwirkungen zu vermeiden. Das gilt besonders während der Periode, da Frauen zu dieser Zeit hormonbedingt oftmals aus der Ketose fallen.

Eine ketogene Ernährung scheint sich bei Migräne positiv auf den oxidativen Stress, eine erhöhte Bildung von Mitochondrien, die „Kraftwerke" der Zellen, und eine geringere Erregbarkeit des Gehirns auszuwirken. Wichtig ist es, darauf zu achten, dass man ausreichend in der Ketose ist. Wie stark man in der Ketose sein muss, um Anfälle zu vermeiden, ist individuell verschieden.

Bei Migräne ist es sinnvoll, insgesamt auf eine gesunde ausgewogene Ernährung zu achten und nach ärztlicher Absprache eine keto-vegane Ernährung in Betracht zu ziehen. Je nach Symptomen und Triggern kann auch bereits eine Low-Carb-Ernährung helfen.

Rheumatische Erkrankungen

Rheumatische Erkrankungen kurz erklärt

Unter Rheuma werden mehr als hundert verschiedene Erkrankungen zusammengefasst, die häufig durch Entzündungen entstehen. Der Begriff Rheuma stammt aus dem Griechischen und bedeutet einen ziehenden, reißenden Schmerz. Rheumatische Erkrankungen betreffen Menschen aller Altersstufen: Es können auch jüngere Erwachsene und sogar Kinder an Rheuma leiden.

Rheuma kann sich an vielen Stellen des Körpers bemerkbar machen. Es betrifft nicht nur „harte" Strukturen, z. B. Knochen, Gelenke und Knorpel, sondern auch „weiche" Gewebe, etwa Muskeln, Bänder oder Sehnen. Auch Riesenzellarteriitis, Dermatomyositis und Lupus erythematodes werden zum rheumatischen Formenkreis gezählt.

Rheumatische Erkrankungen müssen sich nicht auf den Bewegungsapparat beschränken, sondern können auch viele andere Organe betreffen. Hier sind beispielsweise rheumatische Augenentzündungen, Rippenfellentzündungen, Herzmuskelentzündungen sowie rheumatische Entzündungen der Nieren, des Darms oder der Gefäße zu nennen.

> Rheumatische Erkrankungen müssen sich nicht auf den Bewegungsapparat beschränken, sondern können auch viele andere Organe betreffen.

Wie kann die keto-vegane Ernährung helfen?

Vegane Ernährung hat sich bereits seit einiger Zeit als therapiebegleitende Methode bewährt. Auch eine keto-vegane Ernährung kommt infrage, um die Behandlung zu unterstützen. Besonders zu empfehlen ist eine Ernährungsumstellung bei folgenden Rheumatypen, die alle zu den entzündlichen rheumatischen Erkrankungen gehören: primäre chronische Polyarthritis, rheumatoide Arthritis und Morbus Bechterew. Aber auch beim sogenannten Weichteilrheumatismus, der Fibromyalgie, die nach neuesten Erkenntnissen den neurologischen Erkrankungen zugeordnet wird, besteht in der Ernährung ein großes Verbesserungspotenzial.

Rheuma wird meist von körperlichen Einschränkungen begleitet. Hinzu kommt, dass entzündungshemmende Medikamente in höherer Dosierung, wie Kortison, den Stoffwechsel beeinflusssen und in Folge zu Diabetes, Adipositas und Arteriosklerose führen können. Sie erhöhen auch das Risiko für Herz-Kreislauf-Erkrankungen. Eine keto-vegane Ernährung kann neben Bewegung und Sport dazu beitragen, den Muskelaufbau zu fördern, das Bindegewebe zu stärken, den Bluzucker zu stabilisieren und Übergewicht vorzubeugen. Damit die Vorteile einer keto-veganen Ernährung auch spürbar werden, ist es unerlässlich, die Ernährungsumstellung langfristig durchzuführen. Denn Rheuma ist eine chronische Erkrankung, und so, wie sie sich über einen längeren Zeitraum entwickelt hat, benötigt auch eine Therapie eine gewisse Zeit, um zu wirken.

Prinzipiell gilt bei der Umstellung auf die keto-vegane Ernährung, frische Lebensmittel für die Zubereitung zu verwenden und möglichst selbst zu kochen. Omega-6-Fettsäuren sollten gemieden werden, da sie entzündungsfördernd sind. Hier liegt ein Vorteil der veganen Ernährung, denn Omega-6 ist hauptsächlich in tierischen Produkten zu finden. Gleichzeitig sollten gehärtete Fette gemieden werden. Besonders hoch sollte hingegen der Anteil an Omega-3-Fettsäuren in der täglichen Nahrung sein.

Neben den Makronährstoffen ist es wichtig, die Mikronährstoffe zu berücksichtigen. Dazu zählt eine optimale Versorgung mit den Vitaminen A, E und C (Antioxidantien) in Form von frischem Gemüse und den Spurenelementen Selen und Zink. Gegebenenfalls kann auch eine Substitution von Vitamin E erfolgen.

Antioxidantien können freie Radikale bekämpfen, die wiederum Arachidonsäure freisetzen können. Keto-vegane Ernährung führt im Gegensatz zu einer kohlenhydratbasierten Ernährung zu einer geringeren Bildung von freien Radikalen. Menschen mit chronischer Polyarthritis, die meist mit einer Osteoporose einhergeht, sollten vor allem auf eine ausreichende Kalzium- und

Vitamin-D-Zufuhr achten. Darüber hinaus sollte durch körperliche Aktivität der Ernährungseffekt unterstützt werden, beispielsweise mit einer speziellen Rheuma-Gymnastik.

Durch körperliche Aktivität kann der Ernährungseffekt unterstützt werden, beispielsweise mit einer speziellen Rheuma-Gymnastik.

Zu Beginn der Ernährungsumstellung empfiehlt es sich, eine Fastenperiode einzulegen, wenn keine Kontraindikationen vorliegen. Dadurch verringert sich die Arachidonsäurekonzentration im Blut und es können weniger Entzündungsvermittler gebildet werden.

Gicht und Hyperurikämie

Gicht kurz erklärt

Gicht gehört zu den Stoffwechselstörungen, die mit rheumatischen Symptomen einhergehen. Purine sind lebensnotwendige Stoffe, die in jeder Zelle zu finden und unabdingbar für den Aufbau neuer Zellen sind. Normalerweise werden Purine zu Harnsäure abgebaut und über die Nieren ausgeschieden. Wenn dieser Prozess nicht richtig funktioniert, ist ein zu hoher Harnsäurespiegel die Folge, weil unser Körper nicht in der Lage ist, die aufgenommenen Purine ausreichend abzubauen. Es bilden sich Harnsäureablagerungen, spitze Harnsäurekristalle. Diese finden sich vor allem in den Nieren und den Gelenken und können zu schmerzhaften Entzündungen führen: die sogenannte Gicht oder auch Hyperurikämie.

Häufig tritt ein Gichtanfall akut auf, die Krankheit kann jedoch auch chronisch werden. Durch die auftretenden Schmerzen ist der Alltag kaum noch zu meistern. Die Betroffenen haben bei einem Anfall angeschwollene, warme und gerötete Gelenke sowie Druckschmerzen. Langfristig kann es bei dieser Stoffwechselerkrankung auch zu Nierensteinen und sogenannten Gichtknoten kommen.

Bei einem akuten Anfall werden entzündungshemmende Medikamente eingenommen. Zusätzlich werden die betroffenen Gelenke gekühlt. Außerdem helfen Kortisonpräparate, die Entzündung zu hemmen. Um gegen den erhöhten Harnsäurespiegel, die Ursache des Problems, anzukommen, empfiehlt sich eine erhöhte Flüssigkeitszufuhr; zudem können Medikamente den Harnsäurespiegel im Blut senken. Bei diesen Methoden handelt es sich allerdings um kurzfristige und symptomatische Lösungen.

Wie kann die keto-vegane Ernährung helfen?

Purine, aus denen die Harnsäure entsteht, finden sich beispielsweise in Fleisch, Fisch und Meeresfrüchten, besonders in den Innereien. Bei einer veganen Ernährung werden keinerlei tierische Produkte verzehrt, und das Ziel, maximal 500 mg Purine am Tag zu sich zu nehmen, ist leicht zu erreichen und einzuhalten.

Die zusätzliche Kombination mit einer ketogenen Ernährung ist optimal, um den Insulinspiegel zu senken und Übergewicht zu bekämpfen. Denn Übergewicht und eine hohe Zuckerzufuhr erhöhen das Risiko, an Gicht zu erkranken. Vor allem die Zuckerzufuhr wird bei einer keto-veganen Ernährung drastisch gesenkt. Hinzu kommt, dass diese Ernährungsweise generell entzündungshemmend ist und durch eine hohe Zufuhr an Omega-3-Fettsäuren die Schmerzen in den entzündeten Gelenken verbessert werden können. Achten Sie also darauf, dass der Großteil der zugeführten Fette Omega-3-Fettsäuren sind.

Übergewicht und eine hohe Zuckerzufuhr erhöhen das Risiko, an Gicht zu erkranken.

Der Harnsäurespiegel kann sich bei einer Ernährungsumstellung kurzfristig erhöhen, die Gründe hierfür sind bisher unbekannt. Eventuell liegt es daran, dass der Körper zuerst einmal durch die fehlende Glukose auf den Proteinabbau und erst danach auf Ketonkörper zurückgreift.

Wichtig ist der Verzicht auf Alkohol, da die Nieren durch Alkoholkonsum weniger Kapazität haben, die Harnsäure auszuscheiden. Auch ausreichend Bewegung sollte in den Alltag integriert werden, denn sie hilft, Risikofaktoren zu bekämpfen, Gewicht zu reduzieren und den Harnsäurespiegel niedrig zu halten.

Langfristig kann die Ernährungsumstellung auf keto-vegan helfen, Medikamente zu reduzieren.

Herz-Kreislauf-Erkrankungen und Arteriosklerose

Herz-Kreislauf-Erkrankungen und Arteriosklerose kurz erklärt

Zu den Herz-Kreislauf-Erkrankungen zählen unter anderem Bluthochdruck (Hypertonie), Koronare Herzkrankheit (KHK), Herzinfarkt (Myokardinfarkt), Herzschwäche (Herzinsuffizienz), Herzinnenhautentzündung (Endokarditis), Herzklappenfehler, Herzrhythmusstörungen (Arrhythmien) und Herzbeutelentzündung (Perikarditis). Vergleichsweise häufig treten die koronare Herzkrankheit, der Herzinfarkt und der Schlaganfall auf. Ihr Beginn ist meist schleichend und fängt mit erhöhtem Blutdruck an.

Herz-Kreislauf-Erkrankungen werden begünstigt durch hohen Blutdruck, Fettstoffwechselstörungen, Adipositas und Diabetes mellitus, darüber hinaus durch Rauchen, körperliche Inaktivität und ungesunde Ernährung. Therapiert werden die meisten Herz-Kreislauf-Erkrankungen mit einer Kombination aus Medikamenten und einer gesundheitsbewussten Verhaltensänderung.

Am Anfang einer ernsthaften Herz-Kreislauf-Erkrankung steht meist eine Arteriosklerose. Dabei handelt es sich um eine chronisch degenerative Gefäßerkrankung. Durch Ablagerungen von Blutfetten, Immunzellen, Bindegewebe, Kalzium und anderen Substanzen, den sogenannten Plaques, entstehen an den Gefäßinnenwänden Engstellen. Infolgedessen kann das Blut nicht mehr ungehindert durch den ganzen Körper fließen und ihn nicht mehr mit ausreichend Nährstoffen versorgen. Aufgrund der verhärteten Gefäße und der Unterversorgung entwickeln sich dann im Laufe der Jahre weitere Krankheiten.

> Ein gesunder Lebensstil und eine gewissenhafte Ernährung tragen zur Vorbeugung und Behandlung von Arteriosklerose bei.

Ein gesunder Lebensstil und eine gewissenhafte Ernährung tragen zur Vorbeugung und Behandlung von Arteriosklerose bei. Besondere Bedeutung kommt dabei den Blutfettwerten zu, weshalb eine pflanzenbasierte Ernährung besonders geeignet ist. Veganer haben für gewöhnlich einen sehr niedrigen LDL-Cholesterinwert, somit ist ihr Risiko, an einer Herz-Kreislauf-Krankheit zu erkranken, um 20 Prozent geringer als bei Mischköstlern. Des Weiteren zeigten Studien, dass durch eine dauerhafte Ernährungs- und Lebensstilumstellung eine Verbesserung der Arteriosklerose erreicht werden kann und bei konsequenter Durchsetzung sogar ein vollständiger Rückgang möglich ist.

Wie kann die keto-vegane Ernährung helfen?

Oberstes Ziel bei Herz-Kreislauf-Erkrankungen und Arteriosklerose ist es, Körperfett abzubauen und ein Normalgewicht zu erlangen, damit sich die Blutfettwerte, Blutzuckerwerte und weitere Entzündungsparameter normalisieren können. Kurz zusammengefasst lauten die Maßnahmen der Ernährungsumstellung: minimaler bis kein Alkoholkonsum, eine verringerte Kohlenhydratzufuhr mit einem geringem Zuckerkonsum für einen niedrigen Insulinspiegel, gesteigerter Verzehr von entzündungshemmenden Nahrungsmitteln, eine möglichst hohe Zufuhr von qualitativ hochwertigen Fetten und eine gesteigerte Ballaststoffzufuhr.

All dies kann in einer keto-veganen Ernährung umgesetzt werden. Jahrelang wurden Fette für die Zunahme von Körperfett verantwortlich gemacht. Heute weiß man, dass vor allem überflüssige Kohlenhydrate in Fett umgebaut werden, da Fett länger und in größeren Mengen gespeichert werden kann als Zucker. Schokolade, Gummibärchen oder Fertiggerichte enthalten nicht nur viel Zucker, sondern auch viele Fette. Dabei handelt es sich vor allem um sogenannte Transfettsäuren, die unter Verdacht stehen, das Risiko für Arteriosklerose und Herz-Kreislauf-Erkrankungen zu erhöhen.

Bei Arteriosklerose finden sich an den Gefäßwänden Cholesterinablagerungen, doch die Annahme, dass ein hoher Cholesterinspiegel die Folge eines hohen Cholesterinverzehrs ist, konnte bisher nicht belegt werden: Auch eine cholesterinarme Ernährung hat lediglich sehr geringe Auswirkungen auf den Cholesterinspiegel. Es kommt also auf die Wahl der richtigen Fettsäuren an. Laut aktuellen Studien sinkt durch einen gesteigerten Konsum von ungesättigten Fettsäuren der Gesamt-, der LDL- und der HDL-Cholesterinspiegel.

> Dass ein hoher Cholesterinspiegel die Folge eines hohen Cholesterinverzehrs ist, konnte bisher nicht belegt werden.

Keto-vegane Ernährung mit einem hohen Anteil an Omega-3-Fettsäuren kann also auch hier helfen. Sie erleichtert die Abnahme von Körperfett, da aufgrund des Kohlenhydratmangels auf eine Energieversorgung mit Ketonen, die aus körpereigenen und zugeführten Fettsäuren hergestellt werden, umgestellt wird. Des Weiteren ist es wichtig, Entzündungsreaktionen im Körper möglichst gering zu halten, um das Risiko von Arteriosklerose und Herz-Kreislauf-Erkrankungen zu minimieren. Da Zucker, Weizen und viele weitere kohlenhydrathaltige Lebensmittel Entzündungen auslösen, fällt also bei einer keto-veganen Ernährung ein großes Entzündungspotenzial weg. Auch der Insulinspiegel bleibt aufgrund der kaum vorhandenen Zuckermoleküle im Blut niedrig.

KÜCHENPRAXIS

Die Umstellung auf eine keto-vegane Ernährung ist grundsätzlich eine große Herausforderung. Sie gelingt, wenn Sie darüber Bescheid wissen, welche Lebensmittel für Sie als keto-vegane Nährstoffquellen geeignet sind und welche keto-veganen Alternativen es zu Ihren bisherigen Ernährungsgewohnheiten gibt. Der nachfolgende Überblick über die wichtigsten Mikronährstoffe stellt sicher, dass Ihr Bedarf immer gedeckt ist, und eine Übersicht über Lebensmittel, die Sie für die keto-vegane Küche immer zu Hause haben sollten, rundet das Kapitel ab.

So gelingt die Umstellung

Bei einer ketogenen Ernährung besteht die Ernährung hauptsächlich aus Fetten und Eiweißen, die man zum Großteil aus tierischen Produkten bezieht. Wie Sie inzwischen wissen, ist es möglich, dies auch rein pflanzlich zu bewerkstelligen – allerdings mit einem erhöhten zeitlichen und unter Umständen auch finanziellen Aufwand, an den man sich gewöhnen muss. Es ist beispielsweise nur noch sehr eingeschränkt möglich, auf der Straße, im Schnellimbiss, in der Kantine, unterwegs oder im Restaurant eine fertige Mahlzeit zu bestellen; man muss sehr viel mehr Zeit und Überlegung in die Gestaltung des Speiseplans investieren.

Kohlenhydrate sind bei der keto-veganen Ernährung in Form von Gemüse, Sojaprodukten, Nüssen, Beeren und einigen Früchten erlaubt.

Nichtsdestotrotz können Sie gesunde und schmackhafte Alternativen in der keto-veganen Ernährung finden. Ein Verzicht auf stark verarbeitete Lebensmittel sowie Backwaren, Beilagen, Süßigkeiten und Fertigprodukte ist allerdings unabdingbar. Besonders hoch verarbeitete Modeprodukte sind im Allgemeinen aufgrund des hohen Gehalts an Zucker, modifizierter Stärke und anderen Zusatzstoffen nicht empfehlenswert. Kohlenhydrate sind bei der keto-veganen Ernährung nur in Form von Gemüse, Sojaprodukten, Nüssen, Beeren und einigen Früchten erlaubt. Besorgen Sie sich am besten einen Vorrat.

Das Wichtigste vorab:

- Es ist notwendig, dass Sie täglich, besonders in der Anfangszeit, Ihre Kohlenhydrate, Proteine, Fette und Kalorien zählen. Bleiben Sie zu Beginn, wenn ein Gewichtsverlust gewünscht ist, unter 20 Gramm Kohlenhydraten pro Tag.
- Gewöhnen Sie sich an, bei allen Lebensmitteln, die Sie kaufen, die Nährwertangaben zu lesen. 500 Gramm Tofu enthalten beispielsweise zwei Gramm Kohlenhydrate.
- Besorgen Sie sich, falls notwendig, Nahrungsergänzungsmittel, wie beispielsweise Vitamin B12 oder Vitamin-D3-Öl.

- Lassen Sie idealerweise vor Beginn der keto-veganen Ernährung Ihre Blutwerte, insbesondere Blutfettwerte, Nierenwerte, Schilddrüse und Blutzucker überprüfen.

Lebensmittel, die Sie vermeiden sollten

Wenn Sie mit der veganen Keto-Diät beginnen, reduzieren Sie Ihre Kohlenhydrataufnahme deutlich und ersetzen Kohlenhydrate durch gesunde Fette und vegane Eiweißquellen. Tierische Produkte, einschließlich Eier, Fleisch, Geflügel, Milchprodukte und Meeresfrüchte, sind bei einer keto-veganen Ernährung ausgenommen:

- **Fleisch und Geflügel:** Rindfleisch, Truthahn, Huhn, Schweinefleisch
- **Milchprodukte:** Milch, Butter, Joghurt
- **Eier:** Eiweiß und Eigelb
- **Meeresfrüchte:** Fische, Garnelen, Muscheln
- **Zutaten auf tierischer Basis:** Molkenprotein, Honig

Lebensmittel, die Sie essen dürfen

Konzentrieren Sie sich stattdessen auf vegane, gesunde Lebensmittel, die fettreich sind und nur sehr wenige bzw. keine Kohlenhydrate enthalten. Zu den Lebensmitteln, die bei einer keto-veganen Diät erlaubt sind, gehören:

- **Kokosnussprodukte:** vollfette Kokosmilch, Kokoscreme, ungesüßte Kokosnuss
- **Öle:** Olivenöl, Nussöl, Kokosöl, MCT-Öl, Avocadoöl
- **Nüsse und Samen:** Mandeln, Paranüsse, Walnüsse, Hanfsamen, Chiasamen, Macadamianüsse, Kürbiskerne
- Kakao, Kakaobutter
- **Nuss- und Samenbutter bzw. -muse:** Erdnuss-, Mandel-, Sonnenblumen-, Cashewbutter
- **nicht stärkehaltiges Gemüse:** Blattgemüse, Rosenkohl, Zucchini, Brokkoli, Blumenkohl, Paprika, Pilze

- **vegane Proteinquellen:** vollfetter Tofu, Tempeh
- **vegane vollfetthaltige Produkte:** Kokosjoghurt, vegane Butter, Cashewkäse, veganer Frischkäse
- Avocados
- **Beeren:** Heidelbeeren, Brombeeren, Himbeeren und Erdbeeren (in Maßen)
- **Gewürze:** Nährstoffhefe, frische Kräuter, Zitronensaft, Salz, Pfeffer, Gewürze

Fettreiche pflanzliche Lebensmittel als ideale Fettquelle tragen dazu bei, Ihren Fett-, Vitamin-, Mineralstoff- und Ballaststoffbedarf zu decken.

Keto-vegane Fettquellen

Auch wenn in der keto-veganen Ernährung keine Eier, Fleisch, Butter oder Milchprodukte vorgesehen sind, besteht immer noch eine große Auswahl an Fettquellen:

- Kokosöl eignet sich hervorragend für Desserts und zum Kochen oder Backen bei Temperaturen unter 175 Grad Celsius. Es liefert Ihnen viel Energie aus langkettigen und mittelkettigen gesättigten Fettsäuren, was darüber hinaus die Produktion von Ketonen verbessert.
- In Olivenöl, dessen gesundheitliche Vorteile seit Langem bekannt sind, befindet sich eine Vielzahl gesunder Fette. Es kann in der keto-veganen Ernährung als primäres Koch-, Brat- und Backöl verwendet werden. Eine aktuelle Studie zeigte, dass Olivenöl auch den Anforderungen durch Hochtemperaturbelastungen standhält, ohne zu oxidieren und für den Körper giftig zu werden. Olivenöl ist ein Geschmacksgeber und eine gesunde Fettquelle und damit sehr gut für die Verwendung in Salatdressings, Soßen und Gewürzen geeignet.
- MCT-Öl wird üblicherweise aus Kokos- oder Palmöl gewonnen. Es enthält mittelkettige Triglyceride, also gesättigte Fettsäuren, die nicht über die normale Fettverdauung laufen, sondern direkt in die Leber gelangen, wo sie in Ketone umgewandelt werden. Wenn Sie einen Energieschub benötigen, können Sie dieses geschmacksneutrale Öl zu Salaten, Soßen und hei-

ßen Getränken wie Kaffee oder Tee hinzugeben. MCT-Fette finden sich entweder in Kokosöl oder in größerer Menge in konzentrierten MCT-Produkten. Diese gibt es mittlerweile auch in Bio-Qualität als Öle oder Pulver.

Wenn Sie sich keto-vegan ernähren, werden Ihnen vor allem fettreiche pflanzliche Lebensmittel als ideale Fettquelle dienen. Sie tragen dazu bei, Ihren Fett-, Vitamin-, Mineral- und Ballaststoffbedarf gleichzeitig zu decken – wichtig, um mit allem Wesentlichen gut versorgt zu sein.

- Avocados sind nicht nur reich an einfach ungesättigten Fettsäuren, sondern auch an Vitaminen, Mineralien, Ballaststoffen und Antioxidantien. Sie können mit Avocados sogar eine „ketofreundliche" vegane Schokoladenmousse zubereiten.
- Nüsse sind zu jeder Ernährung eine gesunde Ergänzung. Sie beinhalten verschiedene Arten von essenziellen Fetten, Vitaminen und Mineralien. Macadamianüsse haben im Vergleich zu anderen Nüssen die höchste Menge an gesunden, einfach ungesättigten Fetten und die niedrigste Menge an Nettokohlenhydraten und entzündungsfördernden Omega-6-Fetten. Da sie jedoch auch viele Kohlenhydrate und damit Kalorien haben, sollten Sie nicht allzu viel davon verzehren.
- Samen: Kürbiskerne, Sesam, Leinsamen, Sonnenblumenkerne und Chiasamen bilden eine weitere fettreiche, gesunde Ergänzung zur keto-veganen Ernährung. Sie enthalten jedoch einen höheren Gehalt an Omega-6-Fetten und sollten daher nur in Maßen konsumiert werden.

Hier noch einmal zusammengefasst:

FETTE UND ÖLE:	LEBENSMITTEL:
Olivenöl	Kokosnüsse (Kokosmus, Pistazien-Kokos-Creme, Kokosflakes etc.)
Avocadoöl	Mandeln (Mandelmilch, Mandelmus, vegane Remoulade, vegane Mayonnaise etc.)
Kürbiskernöl	Walnüsse
Macadamiaöl	Avocados
Kakaobutter	Hanfsamen (geschält und ungeschält)
Kokosöl	Chiasamen
Mandelöl	Leinsamen
MCT-Öl	Sesam (z. B. Tahini, Sesammus)
Leinöl	Paranüsse
Kokosöl	Macadamianüsse
Hanföl	Mohnsamen
Walnussöl	Sonnenblumenkerne
Haselnussöl	Oliven (grüne und schwarze)
Schwarzkümmelöl	
Chiaöl	

Keto-vegane Eiweißquellen

Es ist nicht ganz einfach, in der keto-veganen Ernährung genügend Eiweiß zu bekommen. Wenn Sie ketogene und vegane Ernährung kombinieren, sind viele der wichtigsten pflanzlichen Proteinquellen wie Hülsenfrüchte nicht mehr erlaubt. Zum Glück gibt es aber Alternativen:

In der keto-veganen Ernährung finden sich viele Alternativen für gesunde Proteinquellen.

- Tofu ist ein hervorragender fleischfreier Ersatz für Schweinefleisch, Rindfleisch, Huhn und Fisch. Er wird aus Sojabohnen hergestellt und ist reich an Eiweiß und Kalzium. Obwohl er bei manchen Menschen aufgrund seines angeblich faden Geschmacks einen schlechten Ruf hat, hat Tofu die Fähigkeit, Aromen von Gewürzen und Marinaden gut aufzunehmen und zum Geschmacksträger zu werden. Wichtig ist, dass Sie zu natürlichem, unverarbeitetem oder auch geräuchertem Tofu greifen. Ist das Produkt stark verarbeitet, z. B. als fertiges Tofuschnitzel, enthält es einen hohen Anteil an Zucker, modifizierter Stärke oder anderen Zusatzstoffen und ist generell nicht geeignet.
- Damit Sie nicht von Soja als Haupteiweißquelle abhängig sind, können Sie auch auf Erbsen-, Reis- und Mandelprotein zurückgreifen. Erbsen- und Reisprotein schlagen für eine keto-vegane Ernährung jedoch mit relativ vielen Kohlenhydraten zu Buche, und Mandelprotein ist recht teuer.
- Eine Alternative bietet Miso mit jeder Menge Aminosäuren als weitere hochwertige pflanzliche Eiweißquelle. Wichtig bei der Zubereitung von Misosuppe ist, dass das Miso erst kurz vor dem Verzehr in die heiße Brühe gegeben wird.
- Tempeh, ebenfalls ein Sojaprodukt, ist fester als Tofu und hat eine körnigere Textur. Er wird aus fermentierten Sojabohnen hergestellt und stellt einen guten Ersatz für Fisch und Hackfleisch dar.
- Seitan, auch „Weizenfleisch" genannt, ist ein veganer Fleischersatz aus Weizengluten, Sojasoße oder Tamari, Ingwer, Knob-

lauch und Seetang. Er ist eiweißreich, fettarm und eine gute Eisenquelle, enthält jedoch viel Gluten. Sollten Sie auf Gluten in irgendeiner Weise empfindlich reagieren, verzichten Sie besser auf Seitan.

- Veganer Fleischersatz: Im Handel ist eine Vielzahl veganer Burger und anderer Fleischersatz erhältlich. Für welchen Fleischersatz Sie sich auch entscheiden, lesen Sie vorher sorgfältig die Inhaltsstoffe und Nährwertangaben, weil viele Produkte potenziell schädliche Inhaltsstoffe oder zugesetzten Zucker enthalten können.
- Viele Nüsse und Samen enthalten Eiweiß sowie essenzielle Vitamine und Mineralien.
- Die meisten Proteine und Mineralstoffe bei der keto-veganen Ernährung finden sich im Gemüse. Doch hier ist Vorsicht geboten, denn viele Gemüsesorten enthalten teils große Mengen an Kohlenhydraten und Zucker. Dazu gehören die meisten Wurzelgemüse und Gemüse mit viel Stärke. Besser geeignet ist grünes Blattgemüse.
- Fermentiertes Gemüse bietet zahlreiche Vorteile. Neben seiner probiotischen Wirkung ist es bestens für eine keto-vegane Ernährung geeignet: Während des Fermentationsprozesses werden die Kohlenhydrate zu Milchsäure abgebaut, daher ist fermentiertes Gemüse kohlenhydratärmer als ihr Ausgangsprodukt. So können Sie auch stärkehaltiges Gemüse verzehren, ohne zu viele Kohlenhydrate aufzunehmen. Neben dem bekannten Sauerkraut oder Kimchi probieren Sie doch auch einmal fermentierten Sellerie, Karotten oder Blumenkohl.

Die für die keto-vegane Ernährung geeigneten Gemüsesorten im Überblick:

Avocados	Romanesco
Austernpilze	Wirsing
Feldsalat	Kohlrabi
Brokkoli	Rotkohl
Zucchini	Rosenkohl
Gurken	Chinakohl
Champignons	Sellerie
Spinat	grüne Bohnen
Blumenkohl	Paprika
Weißkohl	Zuckererbsen
	Spargel

Keto-vegane Alternativen für Kohlenhydrate

Es gibt zahlreiche Möglichkeiten, auch ohne Kohlenhydrate und zudem vegan zu backen, damit ursprünglich kohlenhydratreiche Lieblingsessen auf dem Speiseplan bleiben können.

Mehlalternativen

Vollfettes Sojamehl z. B. ist eine geschmacksneutrale Mehlalternative mit einem hohen Anteil an Fett und pflanzlichem Eiweiß. Weitere Mehlalternativen sind:

- Kokosmehl
- Hanfmehl
- gemahlene Mandeln
- entöltes Mandelmehl
- Mohnmehl
- Chiasamen

> Gluten ist praktisch als Mehlalternative, hat jedoch ein hohes allergenes Potenzial und ist eines der für den Körper am wenigsten gut verwertbaren Eiweiße.

- Gemahlene Leinsamen
- Entöltes Leinsamenmehl
- Proteinpulver

Hilfsmittel beim Backen

Flohsamenschalen sind ein Ballaststoff, der Flüssigkeit bindet, sehr stark quillt und in Backwaren für Bindung, Saftigkeit und Faserstoffe sorgt. Er wirkt verdauungsregulierend und entzündungshemmend im Darm und kleidet die Darmschleimhaut mit einem schleimigen Schutzfilm aus. Wichtig ist, dass bei der Verwendung von Flohsamen viel getrunken wird.

Chiasamen haben eine enorme Quellfähigkeit. Man kann sie wie Flohsamenschalen in Backwaren verwenden, aber auch zur Herstellung von kohlenhydratfreiem Pudding oder roher Marmelade.

Natron: Backpulver besteht aus Natriumcarbonat (Natron), einer Säure (z. B. Weinstein) und Stärke. Kommt es mit Flüssigkeit in Berührung, reagieren Natron und Säure miteinander und setzen Kohlensäure frei, was bewirkt, dass Backwaren aufgehen. Um die Stärke zu vermeiden, ist es sinnvoll, einfach nur Natron und eine Säure (Weinstein, Zitronensäure oder Essig) als Triebmittel zu benutzen.

Zuckerersatz

Auf Zucker völlig zu verzichten, stellt für die meisten Menschen eine größere Herausforderung dar. Auf den ersten Blick scheint es, als wäre eine zuckerfreie Ernährung gar nicht möglich – sei es aus praktischen Gründen oder aus reiner Gewohnheit. Und die Aussicht, auf Schokolade und Co verzichten zu sollen, mag manchen unangenehm erscheinen. Viele der Lebensmittel jedoch, die in der keto-veganen Ernährung vorkommen, sind von Natur aus leicht süßlich, wie z. B. Kokosmilch, Chiasamen, Mandeln. Wer beispielsweise zum Backen eine Alternative zum Zucker benötigt, kann auf verschiedene Zuckeraustauschstoffe oder Zuckerersatzstoffe zurückgreifen. Honig, Agavendicksaft, Stevia, Xylit oder Erythrit sind nur einige der bekannten Alternativen zum klassischen Kristall- bzw. Haushaltszucker. Die Vielfalt ist groß und für jeden Geschmack etwas dabei, wenn auch nicht alle davon kohlenhydratfrei sind. Die Variante mit den wenigsten Kohlenhydraten stellt Stevia dar. Allerdings ist auch hier Vorsicht geboten, da meist nur ein Teil des Zuckers durch Steviolglycoside ersetzt wird, oft treten sie auch mit anderen Zuckeraustauschstoffen kombiniert auf, was wiederum den Kohlenhydratanteil erhöht.

Die Alternative mit den wenigsten Kohlenhydraten im Vergleich zum klassischen Haushaltszucker ist Stevia.

Xylit und Erythrit sind Zuckeralkohole, die zwar Kohlenhydrate haben, sie werden vom Körper jedoch nicht verstoffwechselt und sozusagen „unverarbeitet" wieder ausgeschieden. Somit haben sie auch keine Auswirkung auf den Blutzuckerspiegel und sind für die keto-vegane Ernährung geeignet.

Süßstoffe hingegen sind chemische Verbindungen ohne Kohlenhydrate – und damit ebenfalls eine Alternative. Es gibt außerdem auch weiterhin keine eindeutigen wissenschaftlichen Belege für eine krebsfördernde Wirkung von Süßstoffen, wie z. B. Aspartam, Cyclamat etc. Die natürliche Süße in Kokosprodukten, Nüssen oder einer kleinen Menge Beerenobst ist meist völlig ausreichend. Sollten Sie tatsächlich beim Backen nachsüßen müssen, ist der Griff zum Süßstoff das kleinere Übel und stellt sicher, dass Sie stabil in der Ketose bleiben können. Bei Süßstoffen mit hoher Süßkraft kann es schnell zu einer Gewöhnung an die Süße kommen, daher sollten sie äußerst sparsam und nicht regelmäßig eingesetzt werden.

Schokolade kann man sich aus Kokosöl, Kakaopulver und Süßstoffen selbst herstellen. Auch Kakaobutter, Kakaomasse oder rohe Kakao-Nibs können hier zum Einsatz kommen. Kakaomasse kann notfalls durch 99-prozentige Schokolade ersetzt werden. Kakaobutter eignet sich sowohl zur Herstellung von Schokoladen, Pralinen und Backwaren als auch für Kosmetikprodukte.

Keto-vegane Alternativen zu Milchprodukten

Es gibt zahlreiche veganen Alternativen zu herkömmlicher Milch:

- Ersetzen Sie Milch durch Kokosmilch im Verhältnis 1:1.
- Kokosnusscreme kann Sahne ersetzen. Sollte die Creme zu dick sein, können Sie etwas Wasser einmischen.
- Statt Butter eignet sich Kokosöl oder vegane Butter. Kokosöl hat zwar einen etwas niedrigeren Schmelzpunkt als Butter, aber den gleichen Rauchpunkt, was es zu einem guten Butterersatz macht. Wenn Ihnen der Geschmack von Kokosöl nicht zusagt, finden Sie im Naturkostladen vegane Butter.
- Veganer Käse bietet eine gute Alternative zu Käse auf Milchbasis. Es sind viele vegane Käsesorten im Handel erhältlich.
- Ersetzen Sie Joghurt und Sauerrahm durch Joghurt auf Nussbasis. Im Naturkostladen finden Sie Mandel-, Cashew- oder Kokosmilchjoghurt.

Keto-vegane Alternativen zu Eiern

Sie brauchen nicht auf leckere Gerichte verzichten, denn es gibt Ei-Ersatzstoffe, die für die keto-vegane Diät geeignet sind.

Es kann frustrierend sein, in leckeren, fast veganen Rezepten wie Erdnussbutterpfannkuchen und Kokosnuss-Schoko-Mokka-Kuchen in der Zutatenliste Eier zu finden. Die gute Nachricht: Sie brauchen nicht auf köstliche Gerichte dieser Art verzichten, denn es gibt Ei-Ersatzstoffe, die für die keto-vegane Diät geeignet sind:

- Fein gemahlene Leinsamen sind ein hervorragendes Bindemittel. Sie haben einen nussigen Geschmack, der sich am besten für Rezepte mit Mandel- oder Kokosmehl und Pfannkuchen eignet. Verwenden Sie 1 EL gemahlene Leinsamen und 3 EL Wasser, um ein Ei zu ersetzen.
- Seidentofu ist eine weichere, „seidigere" Form von Tofu. Er bietet einen guten Ersatz für Eier und Milchprodukte und ist relativ geschmacksneutral. Er neigt jedoch dazu, Backwaren dicker und kompakter zu machen, sodass Sie ihn am besten in Brownies und Broten und Kuchen verwenden. Etwa 60 g pürierter Seidentofu kann als Ersatz für ein Ei verwendet werden.

Seidentofu ist ein guter Ersatz für Eier und Milchprodukte.

Mikronährstoffe im Blick behalten

Besonders für Veganer ist es recht schwierig, die Zufuhrempfehlungen der Deutschen Gesellschaft für Ernährung e.V. (DGE) zu erreichen. In diesen Fällen sollten die fehlenden Substanzen über Nahrungsergänzungspräparate substituiert werden.

Wir weichen zwar bei einer keto-veganen Ernährung weit von den Empfehlungen der DGE zur Verteilung der Makronährstoffe ab, weil die Kohlenhydrate extrem zugunsten von Fett verringert werden. Dennoch bieten die Empfehlungen der DGE für Mikronährstoffe eine gute Orientierung, wie viele Vitamine, Spurenelemente, Mineralien oder sekundäre Pflanzenstoffe Veganer – ob ketogen oder nicht – zu sich nehmen sollten. Hier zunächst eine Übersicht:

Tagesempfehlungen für kritische Nährwerte laut DGE e.V.

	VITAMIN D	VITAMIN B_{12}	VITAMIN A	EISEN	KALZIUM	ZINK	SELEN
Frau	20 µg/Tag	4 µg/Tag	0,8 µg/Tag	15 mg/Tag, ab 51 J. 10 mg/Tag	1000 mg/Tag	8 mg/Tag	60 µg/Tag
Mann	20 µg/Tag	4 µg/Tag	1 µg/Tag	10 mg/Tag	1000 mg/Tag	14 mg/Tag	70 µg/Tag
Schwangere	20 µg/Tag	4,5 µg/Tag	1,1 µg/Tag	30 mg/Tag	1000 mg/Tag	11 mg/Tag	60 µg/Tag
Stillende	20 µg/Tag	5,5 µg/Tag	1,5 µg/Tag	20 mg/Tag	1000 mg/Tag	13 mg/Tag	75 µg/Tag

Vitamin D

Vitamin D ist für den Knochenstoffwechsel notwendig sowie für die Nutzung von Mineralstoffen wie beispielsweise Kalzium, Phosphor und Magnesium. Mindestens zwei Drittel der Deutschen sind derzeit mit Vitamin D unterversorgt. Symptome eines Vitamin-D-Defizits sind unspezifisch: allgemeines Schwächegefühl, Müdigkeit, Antriebsschwäche, Konzentrationsstörungen, Kopf- und Rückenschmerzen, Herzklopfen, Schwindel, Kreislaufschwäche, Gelenkprobleme bis hin zum Burn-out.

> Mindestens zwei Drittel der Deutschen sind derzeit mit Vitamin D unterversorgt.

Vitamin D kann durch den Aufenthalt im Sonnenlicht gebildet werden: Wenn die Sonne scheint, gelangt Licht über das Auge ins Gehirn und sorgt dafür, dass das Gute-Laune-Hormon Serotonin ausgeschüttet wird. Im Winter sinkt allerdings die Produktion. Daher sollten Sie mindestens eine Viertelstunde lang täglich Gesicht, Hände und Unterarme dem Sonnenlicht aussetzen. Sollte das nicht möglich sein, können Sie Vitamin D auch über die Ernährung in geringen Mengen aufnehmen, für Veganer wird das jedoch schwierig. Daher ist es ratsam, Vitamin D zu substituieren. Empfehlenswert ist ein Vitamin-D-Öl, weil dieses Vitamin fettlöslich ist und in Kombination mit Öl besser vom Körper aufgenommen werden kann.

Vitamin D_2 statt D_3?

In einigen pflanzlichen Nahrungsmitteln wie beispielsweise Alfalfa, Sonnenblumenkernen und Avocados ist eine pflanzliche Form von Vitamin D enthalten: Vitamin D_2 bzw. Ergocalciferol. Es ist allerdings noch nicht abschließend wissenschaftlich geklärt, ob dieses Vitamin D_2 ebenso wirkungsvoll ist wie Vitamin D_3 (Cholecalciferol), das in tierischen Produkten enthalten ist.

Vitamin B_{12}

Vitamin B_{12} ist für Veganer ein kritischer Nährstoff mit großer Bedeutung für die Zellteilung und -differenzierung. Ein Mangel kann zu einer Vitamin-B_{12}-Mangel-Anämie oder zu Neuropathien führen, die ernste Schäden an Nerven und Verdauungssystem mit sich bringen können.

Vitamin B_{12} kommt in fermentierten Produkten vor, wie z. B. in selbst hergestelltem Sauerkraut. Auch die Süßwasseralge Chlorella liefert Vitamin B_{12}. In Pflanzen gibt es ansonsten hauptsächlich nur Vitamin-B_{12}-Analoge: Sie sind dem tierischen Vitamin B_{12} zwar ähnlich, verfügen jedoch über eine geringere Bioverfügbarkeit. Es ist daher ratsam, in der keto-veganen Ernährung Vitamin B_{12} zu substituieren.

Vitamin A

Vitamin A ist besonders wichtig für unsere Sehkraft und unser Immunsystem. Vitamin A kommt nur in tierischen Lebensmitteln vor. In pflanzlichen Lebensmitteln findet sich stattdessen Beta-Carotin, eine Substanz, die der Körper in Vitamin A umwandeln kann. Dazu sind Gallensalze erforderlich. Fett regt die Gallensekretion an, sodass Beta-Carotin immer kombiniert mit Fetten aufgenommen werden muss. Die Umwandlung von Beta-Carotin in Vitamin A ist sehr ineffektiv. Wenn Sie keine riesigen Mengen an Vitamin-A-haltigem Gemüse essen, ist eine Substitution sinnvoll.

Wenn Sie keine riesigen Mengen an Vitamin-A-haltigem Gemüse essen, ist eine Substitution sinnvoll.

Eisen

Eisen ist vor allem für den Sauerstofftransport im Blut zuständig. Eisen aus pflanzlichen Quellen ist für den Körper schlechter verwertbar als Eisen aus tierischen Quellen. Die meisten Pflanzen mit einem hohen Eisengehalt enthalten nämlich auch Stoffe, die die Eisenverwertung und -aufnahme behindern. Jede Menge pflanzliches Eisen findet sich beispielsweise in Gerstengras oder

Gerstengraspulver, Kürbiskernen, Sesamsamen, Sojaprotein, Spirulina, Chlorella sowie Spinat.

Kalzium

Kalzium ist mengenmäßig der bedeutsamste Mineralstoff im Körper. Neben Magnesium, Kalium und Natrium hat es Einfluss auf die Reizübertragung in Nerven und Muskelzellen. Im Körper wird etwa ein Kilogramm Kalzium gespeichert, davon 99 Prozent in Knochen und Zähnen, und ein Prozent kommt in anderen Geweben und im Blut vor. Kalzium ist der wichtigste Knochenbaustein. Unser Körper benötigt für die optimale Versorgung der Knochen viel davon. Besonders von Osteoporose Betroffene brauchen reichlich Kalzium und eine optimale Versorgung mit Vitaminen. Fehlt Kalzium, entzieht der Körper das fehlende Mineral den Knochen. Bekommt unser Körper nicht genügend Kalzium mit der Nahrung, wird es langfristig aus dem Knochen abgebaut und ausgeschwemmt oder kann erst gar nicht in die Knochen eingebaut werden.

> Bekommt unser Körper nicht genügend Kalzium mit der Nahrung, wird es langfristig aus dem Knochen abgebaut.

Vegane Kalziumquellen sind Sojaprodukte oder angereicherte Pflanzendrinks. Zu den veganen Lebensmitteln mit besonders hoher Kalzium-Bioverfügbarkeit gehören Brokkoli, Grünkohl, sämtliche Kopfkohlarten und Chinakohl sowie Pak Choi. Chia-Samen enthalten etwa fünfmal so viel Kalzium wie Milch. Bei Obst liefern Brombeeren, Kiwis und Orangen den größten Kalziumanteil. Bestimmte natriumarme Mineralwässer sind ebenfalls kalziumreich. Achten Sie hier auf die Nährwertangaben auf der Flasche.

Zink

Zink ist ein für den Menschen notwendiges Spurenelement. Etwa zwei Gramm davon sind im Organismus gespeichert, der größte Teil davon in Knochen, Haaren und Haut. Zink findet sich darüber hinaus in den Augen, in der Leber und in den männlichen

Fortpflanzungsorganen. Im Gegensatz zu anderen Mineralstoffen ist der körpereigene Zinkspeicher verhältnismäßig klein, weswegen eine permanente Aufnahme über die Nahrung wichtig ist.

Zink ist Bestandteil von mehr als 300 Enzymen und spielt daher auch in fast allen Lebensvorgängen eine Rolle, etwa beim Sauerstoff- und Kohlendioxidtransport, bei der antioxidativen Abwehr oder bei der Bildung des roten Blutfarbstoffs. Zink ist entscheidend für die Funktion verschiedener Hormone, für die Insulinspeicherung sowie die Wundheilung.

Zu den zinkreichen, für die keto-vegane Ernährung geeigneten Lebensmitteln zählen unter anderem Mohnsamen, Kürbiskerne, Sonnenblumenkerne, Leinsamen und Haferflocken.

Selen

Als Bestandteil verschiedener Enzyme und Proteine ist Selen an vielen Reaktionen im Körper beteiligt, unter anderem an der Regulation der Schilddrüsenhormone sowie am antioxidativen Schutzsystem gegen freie Radikale. Selen bildet auch einen Baustein von Spermien und ist für die männliche Fruchtbarkeit notwendig. Es ist, wenn auch in geringen Mengen, in vielen Nahrungsmitteln enthalten. Insbesondere der Selengehalt pflanzlicher Nahrungsmittel unterliegt großen Schwankungen, da er von der Qualität des Bodens beeinflusst wird. Wer sich keto-vegan ernährt, sollte pflanzliche selenreiche Nahrungsmittel wie Paranüsse und Pilze in den Speiseplan einbauen; auch Sonnenblumenkerne, Cashewkerne, Kokosnuss, Weizen- und Haferkleie sowie Haferflocken gehören zu den selenhaltigen Nahrungsmitteln.

Wer sich keto-vegan ernährt, sollte pflanzliche selenreiche Nahrungsmittel wie Paranüsse und Pilze in den Speiseplan einbauen.

Basics für den Vorratsschrank

- Tofu/Sojaprodukte (Mehl, Protein, Miso, Tempeh)
- Hanfprodukte (Mehl, Samen, Protein)
- Leinsamenprodukte (Leinmehl, Leinöl, Leinsamen)
- Chiasamen, Chiamehl
- Saaten: Kürbiskerne, Sonnenblumenkerne
- Lupinenprodukte (Mehl, Drinks, Joghurt)
- Mandelprodukte (Protein, Mehl, Drink)
- Kokosprodukte (Mehl, Kokosöl, Kokosmilch, Joghurt)
- Nüsse: Macadamias, Paranüsse, Erdnüsse, Walnüsse und Nussmuse
- Beerenobst: Brombeeren, Himbeeren
- fruktosearmes Obst: Papaya
- MCT-Öl, Leinöl, Hanföl, Rapsöl
- Pilze, z. B. Austernpilze, Champignons, Kräuterseitlinge, Pfifferlinge
- stärkearmes Gemüse: Avocado, Gurke, Salate, Oliven, Brokkoli, Blumenkohl, Auberginen, Spinat, Zucchini
- fermentiertes Gemüse
- Gewürze (besonders Knoblauch, Ingwer, Chili und Cayenne-Pfeffer, etwas Sojasoße)
- diverse Tees (besonders grüner)
- Kaffee
- viel Wasser
- veganes Proteinpulver
- vegane Bitterschokolade mit 90 Prozent Kakao

Einsteiger-Ernährungsplan für eine Woche

Diese bewusst einfach gehaltenen Rezepte erleichtern Ihnen den Einstieg in die ketogen-vegane Küchenpraxis. Mit drei Mahlzeiten kommen Sie auf 1600 bis 1700 Kalorien pro Tag bei 75 Prozent Fett.

	MORGENS	MITTAGS	ABENDS
MONTAG	Keto-Smoothie → S. 158	Nussquark → S. 95	Kalte Gurkensuppe → S. 78
DIENSTAG	Beerenmix mit Mandelmilch → S. 95	Rote-Bete-Blumenkohl-Couscous → S. 131	Veganes „Rührei" → S. 104
MITTWOCH	Bulletproof Coffee → S. 159	Bunter Gartensalat mit Dip → S. 68	Gegrillte Aubergine → S. 107
DONNERSTAG	Nussjoghurt → S. 95	Sellerie-Blumenkohl-Püree → S. 126	Gemüseeintopf mit Tofu → S. 124
FREITAG	Chiasamen-Gel mit Nüssen → S. 98	Kokoscurry mit Rahmspinat → S. 132	Fenchel-Grapefruit-Salat mit Kumquats → S. 88
SAMSTAG	Eiweiß-Shake → S. 158	Rüben mit Knoblauch und Tofu → S. 125	Schwarzwurzelgratin mit Thymian → S. 111
SONNTAG	Coffee Mocha → S. 159	Gemüsepuffer mit Tomatensalsa → S. 127	Gebratener Tofu auf Konjaknudeln → S. 130

90 LECKERE REZEPTE

Essen sollte gesund sein – vor allem aber schmecken! Bei einer Kombination aus ketogen und vegan ist das nicht immer ganz leicht. Die folgenden Rezepte erleichtern Ihnen den Start in die keto-vegane Ernährung und beweisen, dass der Genuss selbst bei eingeschränkter Lebensmittelauswahl nicht zu kurz kommen muss.

SUPPEN, SALATE UND SNACKS

SUPPEN

Kalte Gurkensuppe

Zubereitungszeit: 15 Minuten
Einweichzeit: 10 Minuten

Nährwerte für 1 Portion

299 Kalorien	14 g Kohlenhydrate
11 g Proteine	21 g Fett

Zutaten für 2 Portionen

1 Scheibe veganes Proteinbrot (ca. 50 g)
75 g gemahlene Mandeln
1 ½ Salatgurken (ca. 750 g)
½ Knoblauchzehe
1 EL Sojasahne
Saft von ½ Zitrone
Salz, Pfeffer

Zum Garnieren

Olivenöl
geröstete Mandelblättchen

Zubereitung

1 Weichen Sie das Brot 10 Minuten in 100 ml Wasser ein, drücken Sie es aus und mixen Sie die Mandeln damit kräftig durch. Heben Sie dabei das Einweichwasser auf.

2 Schneiden Sie die Gurken grob und mixen Sie diese mit dem Knoblauch im Mixer glatt. Geben Sie die Sojasahne, die Brot-Mandel-Masse und das Einweichwasser dazu und mixen Sie noch einmal alles gut durch. Schmecken Sie die Suppe mit Zitronensaft, Salz und Pfeffer ab und stellen Sie sie kalt.

3 Beträufeln Sie die Suppe vor dem Servieren mit Olivenöl und bestreuen Sie sie mit gerösteten Mandelblättchen.

Detox-Gemüsesuppe

Zubereitungszeit: 50 Minuten

Nährwerte für 1 Portion

250 Kalorien	15 g Kohlenhydrate
5 g Proteine	18 g Fett

Zutaten für 2 Portionen

1 EL Kokosöl
1 mittelgroße Zwiebel
1 große Karotte
1 Selleriestange
1 mittelgroße Rote Bete
½ rote Paprika
½ Fenchelknolle (ca. 100 g)
1 Prise gemahlene Chilischote
1 Ingwerstück (ca. 3 cm)
250 ml Gemüsebrühe
250 ml Wasser
100 ml Kokosmilch
Salz

Zum Garnieren

Radieschenscheiben nach Belieben
Chiasamen nach Belieben

Zubereitung

1 Erhitzen Sie in einem großen, tiefen Topf das Kokosöl, geben Sie klein gehackte Zwiebeln, Karotten und den Sellerie hinein und kochen Sie das Gemüse in 5 bis 7 Minuten weich. Rühren Sie zwischendurch immer wieder um.

2 Geben Sie das restliche, in Würfel geschnittene Gemüse, die Brühe und das Wasser hinzu, stellen Sie danach den Herd auf mittlere bis kleine Stufe, so dass die Suppe köchelt, und warten Sie, bis die Rote Bete weich ist (ca. 35 Minuten).

3 Danach nehmen Sie den Topf vom Herd und pürieren die Suppe mit einem Pürierstab cremig. Rühren Sie dann die Kokosmilch unter.

4 Schmecken Sie die Suppe ab, geben Sie sie in zwei Schüsseln und garnieren Sie nach Belieben.

Kalte Tomatensuppe

Zubereitungszeit: 15 Minuten
Einweichzeit: 10 Minuten

Nährwerte für 1 Portion

145 Kalorien	13 g Kohlenhydrate
6 g Proteine	7 g Fett

Zutaten für 2 Portionen

50 g getrocknete Tomaten
100 g Knollensellerie
400 g Tomaten
100 g Stangensellerie
20 g Zwiebel
1 Knoblauchzehe
2 EL Mandelmus
1 TL Paprikapulver
1½ TL Kakao
Salz, Pfeffer
frisch geriebene Muskatnuss
Zum Garnieren
einige Basilikumblätter

Zubereitung

1 Weichen Sie die getrockneten Tomaten 10 Minuten in 100 ml Wasser ein. Garen Sie den Knollensellerie kurz vor.

2 Danach geben Sie alle Zutaten für die Suppe in den Mixer und pürieren Sie diese feincremig. Schöpfen Sie die Suppe in zwei Tassen und garnieren Sie sie mit Basilikumblättern.

Topinambursuppe

Zubereitungszeit: 40 Minuten

Nährwerte für 1 Portion

190 Kalorien	5 g Kohlenhydrate
10 g Proteine	14 g Fett

Zutaten für 2 Portionen

100 g Topinambur
1 kleine Karotte
½ Zucchini (ca. 100 g)
2 EL Kokosöl
100 ml Sojamilch natur
Salz
Saft ½ Zitrone
75 g Tofu
Zum Garnieren
einige Stängel Petersilie

Zubereitung

1 Putzen und schälen Sie den Topinambur und geben Sie ihn geviertelt in einen Topf mit 1 Liter Wasser. Geben Sie die in Scheiben geschnittene Karotte und Zucchini dazu. Kochen Sie das Ganze etwa 15 Minuten und pürieren es anschließend mit dem Kokosöl.

2 Verfeinern Sie die Suppe mit Sojamilch und schmecken Sie sie mit Salz und Zitrone ab. Kochen Sie sie dann mit dem Tofu auf.

3 Schöpfen Sie die Suppe in zwei Tassen und garnieren Sie sie mit der gehackten Petersilie.

SALATE

Bunter Gartensalat mit Dip

Zubereitungszeit: 30 Minuten
Einweichzeit: mind. 6 Stunden

Nährwerte für 1 Portion

472 Kalorien	22 g Kohlenhydrate
23 g Proteine	30 g Fett

Zutaten für 2 Portionen

Für den Salat
- 150 g fester Tofu
- 2 EL helle Sojasoße
- 1 Handvoll gemischte Salatblätter
- ½ Salatgurke
- 2 Karotten
- 50 g Cherrytomaten
- 60 g Rote Beete, roh
- 1 Rettich
- 1 EL Rapsöl

Für den Dip
- 80 g Cashews
- 20 g getrocknete Tomaten in Öl eingelegt
- 1 EL Sojasauce
- Salz, Pfeffer

Zubereitung

1 Cashews in ausreichend kaltem Wasser einweichen und abdecken. Nach 6 Stunden oder einer Nacht abgießen und mit reichlich kaltem Wasser abwaschen.

2 Für den Salat tupfen Sie den Tofu trocken und schneiden Sie ihn in circa 1 cm große Würfel. Beträufeln Sie diese mit der Sojasoße.

3 Zerpflücken Sie die Salatblätter in mundgerechte Stücke. Schneiden Sie die Gurke in feine Scheiben, die Karotten in feine Streifen oder Spiralen und teilen Sie die Cherrytomaten jeweils in Hälften. Schälen Sie den Rettich und die rohe Rote Bete, dann längs vierteln und beides in dünne Streifen schneiden.

4 Für den Dip alle Zutaten in einem Mixer gut vermischen, sodass eine cremige und homogene Masse entsteht.

5 Richten Sie den Salat auf zwei Tellern an und verteilen die Gurke, Karotten, Tomaten, Rote Bete und Rettich darüber. Den Dip entweder in eine kleine Schale in die Mitte jeden Tellers oder gleichmäßig verteilt über den Salat geben.

6 Lassen Sie den Tofu abtropfen und erhitzen Sie das Öl in einer beschichteten Pfanne. Braten Sie den Tofu darin auf allen Seiten ca. 1 Minute an und geben ihn zum Salat.

Oliven-Petersilien-Salat

Zubereitungszeit: 10 Minuten

Nährwerte für 1 Portion

212 Kalorien	8 g Kohlenhydrate
3 g Proteine	17 g Fett

Zutaten für 2 Portionen

- 80 g schwarze Oliven
- 1 Bund Petersilie
- 1 ½ EL schwarze Zwiebelsamen
- 1 EL ungeschälte Sesamsamen
- Saft von 1 Zitrone
- 1 Spritzer Süßstoff
- 1 Prise Muskatnuss
- Salz, Pfeffer

Zubereitung

Entkernen Sie gegebenenfalls die Oliven und schneiden Sie sie in dünne Ringe. Hacken Sie die Petersilie fein. Vermengen Sie nun alle Zutaten gut in einer Schüssel und verteilen diese dann auf zwei Teller.

Feldsalat mit Löwenzahn

Zubereitungszeit: 10 Minuten

Nährwerte für 1 Portion

225 Kalorien	8 g Kohlenhydrate
9 g Proteine	18 g Fett

Zutaten für 2 Portionen

- 200 g Feldsalat
- 200 g Löwenzahn
- 100 g Erdbeeren
- 25 g Pinienkerne
- 1–2 EL Weißweinessig
- 2 EL Olivenöl
- Salz, Pfeffer

Zubereitung

1 Den Feldsalat und den Löwenzahn gründlich waschen und abtropfen lassen. Gegebenenfalls den Löwenzahn in kleinere Stücke schneiden. Anschließend in einer großen Salatschüssel beiseitestellen.

2 Die Erdbeeren waschen, vom Strunk befreien und vierteln. Optional die Pinienkerne vorsichtig in einer Pfanne ohne Fett rösten und im Anschluss etwas abkühlen lassen.

3 Den Salat erst direkt vor dem Servieren mit Essig, Olivenöl, Salz und Pfeffer anmachen, gut vermischen und abschmecken. Zuletzt die Pinienkerne und die Erdbeeren darauf geben und servieren.

Chicoréesalat

Zubereitungszeit: 20 Minuten

Nährwerte für 1 Portion

242 Kalorien	11 g Kohlenhydrate
3 g Proteine	20 g Fett

Zutaten für 2 Portionen

Für den Salat
- 1 ½ Chicorée (ca. 180 g)
- 3–4 Stängel Dill
- 2 Handvoll Rucola
- 1 Avocado

Für das Dressing
- 1 Knoblauchzehe
- Salz
- 2 EL Olivenöl
- Saft von 1 Zitrone
- 1 Spritzer Balsamico
- Pfeffer

Zubereitung

1 Trennen Sie die Blätter des Chicorée vom Strunk ab. Danach hacken Sie den Dill grob durch. Geben Sie nun die Chicoréeblätter, den Rucola und den Dill in eine Salatschüssel. Schälen Sie die Avocado, entfernen Sie den Kern und schneiden Sie die Frucht in Streifen. Geben Sie diese in die Schüssel dazu.

2 Für das Dressing schälen und zerdrücken Sie den Knoblauch und verrühren ihn mit etwas Salz zu einer Paste. Dann verrühren Sie die Paste mit dem Öl, dem Zitronensaft und einem Spritzer Balsamico. Gegebenenfalls schmecken Sie nochmals mit Salz und Pfeffer ab.

3 Geben Sie das Dressing in die Salatschüssel, mischen Sie es vorsichtig mit den Blättern und den Avocadostreifen.

Zucchinisalat

Zubereitungszeit: 30 Minuten

Nährwerte für 1 Portion

198 Kalorien	12 g Kohlenhydrate
6 g Proteine	13 g Fett

Zutaten für 2 Portionen

Für das Dressing

1 EL Sesampaste (Tahini)
1 Knoblauchzehe
Schale und Saft von ½ Zitrone
Saft von ½ Orange
Ahornsirup
Pfeffer
1 EL Olivenöl
Salz

Für den Salat

1 Zucchini (ca. 200 g)
1 EL Kokosöl
Salz, Pfeffer
Saft von ½ Zitrone
½ rote Chilischote
75 g grüne Bohnen
2 Handvoll Blattsalat (ca. 100 g)
6 getrocknete Tomaten in Öl
½ Handvoll Minze

Zubereitung

1 Für das Dressing verrühren Sie die Sesampaste mit Knoblauch, Zitronenschale, Zitronensaft, Orangensaft, Ahornsirup und Pfeffer. Falls das Dressing zu dick oder körnig ist, verdünnen Sie es esslöffelweise mit Wasser, bis eine cremige Konsistenz erreicht ist. Zum Schluss rühren Sie vorsichtig das Olivenöl ein und schmecken bei Bedarf mit Salz und Pfeffer ab.

2 Für den Salat schneiden Sie die Zucchini in ca. 3 mm dicke Scheiben. Erhitzen Sie das Kokosöl in einer großen beschichteten Pfanne und braten Sie die Zucchinischeiben portionsweise einige Minuten, bis sie weich und auf beiden Seiten gebräunt sind, dabei wenden Sie die Scheiben gelegentlich. Danach geben Sie die Scheiben in eine Schüssel und würzen sie mit Salz und Pfeffer. Fügen Sie Zitronensaft und die entkernte und fein gehackte Chilischote hinzu und vermischen Sie alles gut.

3 Geben Sie die Bohnen in kochendes Salzwasser, kochen Sie sie noch mal auf und blanchieren Sie die Bohnen für 1 Minute. Gießen Sie die Bohnen ab, schrecken Sie sie in kaltem Wasser ab, lassen Sie die Bohnen abtropfen und tupfen Sie sie trocken. Mischen Sie die Bohnen mit den Zucchinischeiben.

4 Legen Sie eine große, flache Schüssel mit Blattsalat aus. Richten Sie Zucchini, Bohnen, Tomaten und die gehackte Minze darauf an und beträufeln Sie alles großzügig mit Tahini-Dressing.

Papaya-Melonen-Salat

Zubereitungszeit: 35 Minuten

Nährwerte für 1 Portion

136 Kalorien	28 g Kohlenhydrate
2 g Proteine	1 g Fett

Zutaten für 2 Portionen

- ½ reife Papaya (ca. 250 g)
- 350 g Wassermelone
- 1 Salatgurke (ca. 500 g)
- 1 kleine grüne Chilischote
- Saft von ½ Zitrone
- Salz

Zubereitung

1 Schneiden Sie das Fruchtfleisch der Papaya in mundgerechte Stücke, legen Sie die Kerne für später beiseite. Schneiden Sie das Fruchtfleisch der Melone in mundgerechte Stücke. Schälen Sie die Gurke, halbieren Sie sie der Länge nach und entfernen Sie die Kerne. Schneiden Sie die Gurke dann in dünne Halbmonde. Halbieren und entkernen Sie die Chilischote der Länge nach und schneiden Sie sie quer in dünne Streifen.

2 Mixen Sie die Papayakerne mit einem Pürierstab grob. Mischen Sie Papaya, Melone, Gurke und Chilistreifen. Schmecken Sie alles mit Zitronensaft, Salz und den Papayakernen ab.

Fenchel-Grapefruit-Salat mit Kumquats

Zubereitungszeit: 20 Minuten

Nährwerte für 1 Portion

543 Kalorien	25 g Kohlenhydrate
5 g Proteine	46 g Fett

Zutaten für 1 Portion

- ½ Grapefruit
- ½ Fenchelknolle (ca. 100 g)
- etwas Fenchelkraut
- 3 Kumquats
- 45 ml Olivenöl
- 1 EL frischer Zitronensaft
- Salz, Pfeffer

Zubereitung

1 Schneiden Sie Grapefruit und Fenchel in feine Streifen, zupfen Sie das Fenchelkraut von den Stängeln und zerkleinern Sie sie gegebenenfalls grob. Waschen und halbieren Sie die Kumquats.

2 Aus Olivenöl, Zitronensaft sowie Salz und Pfeffer rühren Sie ein Dressing.

3 Richten Sie den Salat in Schüsseln an, geben Sie das Dressing darüber und garnieren Sie den Salat mit Fenchelkraut.

Konjaknudelsalat mit Nusstofu

Zubereitungszeit: 35 Minuten

Nährwerte für 1 Portion

484 Kalorien	20 g Kohlenhydrate
12 g Proteine	37 g Fett

Zutaten für 4 Portionen

Für das Dressing

3 ½ EL Sesamöl
3 ½ EL Rapsöl
Saft ½ Limette
etwas Gemüsebrühe
3–5 EL Reisessig oder Balsamico bianco

Für den Salat

200 g Zuckerschoten
3 Karotten (ca. 300 g)
2 Avocados (ca. 320 g Fruchtfleisch)
120 g Tomaten
1 Bund Koriandergrün
1 Beutel Sojasprossen
330 g Chinakohl
530 g Konjaknudeln
330 g Austernpilze
130 g Champignons
1 EL Kokosöl
3–5 EL Sojasoße
2 EL Sesam
2 Handvoll Erdnüsse

Außerdem

Sparschäler

Zubereitung

1 Verrühren Sie alle Dressingzutaten in einem Becher.

2 Dünsten Sie die Zuckerschoten, bis sie gar, aber noch bissfest sind. Schälen Sie in der Zwischenzeit die Karotten und schneiden Sie sie mit dem Sparschäler in möglichst dünne Streifen. Würfeln Sie Avocados und Tomaten. Hacken Sie das Koriandergrün klein.

3 Sobald die Zuckerschoten fertig sind, nehmen Sie sie aus dem Topf, blanchieren Sie die Karottenstreifen und Sojasprossen kurz im Restwasser und gießen Sie sie ab.

4 Waschen Sie den Chinakohl und schneiden Sie ihn in schmale Streifen. Gießen Sie die Konjaknudeln ab und erhitzen Sie diese kurz im heißen Wasser. Verrühren Sie in einem großen Topf Nudeln, Gemüse und das Dressing sowie die Hälfte des Korianders.

5 Putzen Sie die Austernpilze und die Champignons und braten Sie diese in etwas Kokosöl mit einem Schuss Sojasoße kräftig an.

6 Verteilen Sie den Nudelsalat auf Tellern und garnieren Sie den Salat mit den Avocadowürfeln, dem restlichen Koriander, Sesam, Erdnüssen und den Pilzen.

Papayasalat

Zubereitungszeit: 25 Minuten

Nährwerte für 1 Portion

246 Kalorien	17 g Kohlenhydrate
3 g Proteine	17 g Fett

Zutaten für 2 Portionen

Für den Salat
- 300 g Papaya
- 300 g Salatgurke
- 30 g Sprossen
- 2 EL Kokosraspel

Für das Dressing
- 6 Minzblättchen
- Saft von 1 Limette
- 2 EL Kokosöl
- 2 EL Orangensaft
- 1 TL geriebener Ingwer
- Salz, Pfeffer

Zubereitung

1 Schneiden Sie das Fruchtfleisch der Papaya in mundgerechte Stücke. Schälen, halbieren und höhlen Sie die Gurke aus und schneiden Sie sie ebenfalls in mundgerechte Würfel. Brausen Sie die Sprossen kalt ab und lassen Sie sie abtropfen. Mischen Sie Papaya, Gurke und Sprossen.

2 Rösten Sie in einer beschichteten Pfanne die Kokosraspel ohne Fett, bis sie goldbraun sind.

3 Für das Dressing schneiden Sie die Minzblättchen in kleine Stücke. Vermengen Sie alle Zutaten und träufeln Sie das Dressing über den Salat. Würzen Sie nach Geschmack mit etwas Salz und Pfeffer und geben Sie die Kokosraspeln darüber.

Scharfer Krautsalat

Zubereitungszeit: 25 Minuten

Nährwerte für 1 Portion

89 Kalorien	9 g Kohlenhydrate
6 g Proteine	2 g Fett

Zutaten für 2 Portionen

Für den Salat

250 g Spitzkohl
Salz
1 kleine Karotte
2 Frühlingszwiebeln

Für das Dressing

100 g Seidentofu
2 EL Sojajoghurt
1 TL Wasabipaste
1–2 EL Limettensaft
Salz, Pfeffer

Zum Garnieren

½ Bund Schnittlauch

Zubereitung

1 Putzen Sie den Spitzkohl und entfernen Sie den Strunk. Schneiden Sie den Kohl in ca. 5 mm kleine Streifen. Geben Sie diese mit 1 Prise Salz in eine Schüssel und kneten Sie ca. 5 Minuten mit den Händen. Putzen und schälen Sie die Karotte und raspeln Sie sie grob. Putzen und waschen Sie die Frühlingszwiebeln, schneiden Sie die weißen und hellgrünen Teile in streichholzfeine Streifen.

2 Für das Dressing schlagen Sie Tofu, Sojajoghurt und Wasabipaste mit dem Pürierstab auf. Würzen Sie mit Limettensaft, Salz und Pfeffer. Mischen Sie die Spitzkohlstreifen, Frühlingszwiebeln und Karottenraspel unter. Schneiden Sie den Schnittlauch in Röllchen und streuen Sie ihn über den Salat.

Fruchtiger Salat

Zubereitungszeit: 20 Minuten

Nährwerte für 1 Portion

267 Kalorien	24 g Kohlenhydrate
12 g Proteine	14 g Fett

Zutaten für 2 Portionen

Für den Salat
175 g Feldsalat
je 2–3 EL Koriander und Kerbel
100 g Fenchel
½ Salatgurke (ca. 300 g)
1 Zwiebel
100 g Himbeeren
100 g Papaya
2 EL Pinienkerne

Für das Dressing
Saft von 1 Zitrone
1 Handvoll Brennnesselblätter
½ Avocado
100 ml Mandelmilch
½ Stange Sellerie
1 Msp. Cayennepfeffer
2 TL Miso

Zum Garnieren
einige Kresse- und Mungobohnensprossen

Zubereitung

1 Waschen und putzen Sie den Feldsalat.

2 Hacken Sie den Koriander und den Kerbel fein. Danach schneiden Sie den Fenchel in feine Scheiben, würfeln die Gurke und schneiden die Zwiebel in feine Ringe. Schneiden Sie die Himbeeren und die Papaya in mundgerechte Stücke. Anschließend richten Sie alle Zutaten auf zwei Tellern an.

3 Für das Dressing pürieren Sie alle Zutaten zu einer cremigen Soße. Beträufeln Sie den Salat mit dem Dressing und garnieren Sie ihn mit den Kresse- und Mungobohnensprossen.

SNACKS

Beerenmix mit Mandelmilch

Zubereitungszeit: 10 Minuten

Nährwerte für 1 Portion

139 Kalorien	6 g Kohlenhydrate
7 g Proteine	8 g Fett

Zutaten für 1 Portion

80 g Beerenmix
100 g Sojajoghurt
400 ml Mandelmilch

Zubereitung

Vermengen Sie alle Zutaten in einer Schüssel.

Nussquark

Zubereitungszeit: 10 Minuten

Nährwerte für 1 Portion

637 Kalorien	5 g Kohlenhydrate
58 g Proteine	36 g Fett

Zutaten für 1 Portion

600 g Sojaquark
15 g Proteinpulver Vanille
20 g Chiasamen
15 g Cashewkerne

Zubereitung

Vermengen Sie alle Zutaten in einer Schüssel.

Nussjoghurt

Zubereitungszeit: 10 Minuten

Nährwerte für 1 Portion

483 Kalorien	8 g Kohlenhydrate
10 g Proteine	44 g Fett

Zutaten für 1 Portion

15 g geröstete und gesalzene Macadamianüsse
15 g Pekannüsse
100 ml Kokosmilch
1 TL Flohsamenschalen
½ TL gemahlene Vanille
120 g Sojajoghurt

Zubereitung

Geben Sie die Macadamia- und die Pekannüsse in eine kleine Tüte und zerkleinern Sie sie, z. B. mit einem Fleischklopfer. Nun geben Sie die Kokosmilch, die Flohsamenschalen, die zerkleinerten Nüsse und die gemahlene Vanille auf den Sojajoghurt.

Mandeltoast mit Hummus

Zubereitungszeit: 30 Minuten
Einweichzeit: mind. 6 Stunden
Dörrzeit: 12 Stunden

Eine Portion enthält:

590 Kalorien
7 g Kohlenhydrate
24 g Proteine
52 g Fett

Zutaten für 8 Stück

Für die Mandeltoasts
- 200 g Mandeln (eingeweicht)
- 400 g Mandeltrester (aus der Mandelmilch-herstellung von circa 3 l Mandelmilch)
- 100 g Chiamehl (oder Leinsamenmehl)
- 50 ml frischer Orangensaft
- 50 ml Karottensaft
- 50 ml Mandelmilch
- 1 Prise Salz

Für den Hummus
- 70 g Kichererbsen, gekocht
- 1 EL Tahin (Sesammus)
- 5 g Zitronensaft
- 5 g Olivenöl
- 1 TL Kreuzkümmel
- ¼ TL Chilipulver
- ½ Knoblauchzehe
- 1 EL Wasser nach Belieben
- Salz, Pfeffer

Außerdem
- Dörrautomat

Zubereitung

1 Mandeln in ausreichend kaltem Wasser einweichen und abdecken. Nach 6 Stunden oder einer Nacht abgießen und mit reichlich kaltem Wasser abwaschen.

2 Für die Toasts alle Zutaten zu einem gleichmäßigen Teig verarbeiten. Etwa acht Toastscheiben aus dem Teig formen und auf eine Dörrfolie legen. Im Dörrautomaten bei 42 °C in 12 Stunden trocknen, bis der gewünschte Trockengrad erreicht ist. Nach etwa 6 Stunden die Toasts wenden und die Dörrfolie dabei entfernen.

3 Für den Hummus die gekochten Kichererbsen waschen und in einen Mixer geben. Den Knoblauch pressen oder fein hacken und gemeinsam mit dem Tahin, Zitronensaft, Olivenöl, Kreuzkümmel und Chilipulver zu den Kichererbsen in den Mixer geben. So lange mixen, bis eine cremige Konsistenz erreicht ist. Gegebenenfalls noch Wasser hinzugeben. Anschließend mit Salz und Pfeffer abschmecken. Ein Toast wird mit 1 EL Hummus serviert.

Chiasamen-Gel mit Nüssen

Zubereitungszeit: 30 Minuten

Nährwerte für 1 Portion

435 Kalorien	4 g Kohlenhydrate
12 g Proteine	36 g Fett

Zutaten für 1 Portion

- 4 EL Chiasamen
- 120 ml Mandelmilch
- 20 g Haselnüsse
- 20 g Walnüsse
- 1 Spritzer Limettensaft

Zubereitung

1 Mischen Sie die Chiasamen mit der Mandelmilch und lassen Sie das Gel 10 bis 20 Minuten unter gelegentlichem Rühren quellen. Hacken Sie inzwischen die Nüsse fein.

2 Füllen Sie anschließend 4 EL Gel in ein Dessertglas. Schichten Sie die gehackten Nüsse und dann wieder das restliche Gel darauf.

Energiebällchen

Zubereitungszeit: 10 Minuten
Kühlzeit: 2 Stunden

Nährwerte für 1 Bällchen

49 Kalorien	3 g Kohlenhydrate
1 g Proteine	3 g Fett

Zutaten für 15 Bällchen

- 20 g Walnüsse
- 20 g Haselnüsse
- 20 g Kokosraspeln
- 1 EL Sojaflocken
- 1 TL Chiasamen
- 50 g getrocknete Cranberries
- 1 EL Mandelmus
- 1 EL Sesammus

Außerdem

- Küchenmaschine

Zubereitung

1 Zerkleinern Sie zuerst die trockenen Zutaten in einer Küchenmaschine. Dann geben Sie Mandelmus und Sesammus hinzu und pürieren alles zu einer klebrigen Masse. Sollte die Mischung nicht klebrig genug sein, geben Sie noch etwas Mandelmus hinzu.

2 Formen Sie die Masse zu kleinen Kugeln und stellen Sie sie für 2 Stunden in den Kühlschrank. Danach sind sie zum Vernaschen fertig.

3 Die Bällchen halten sich für etwa 5 Tage im Kühlschrank.

Macadamiakugeln

Zubereitungszeit: 25 Minuten
Eiweichzeit: mind. 6 Stunden
Ruhezeit: 19 Stunden

Nährwerte für 1 Kugel

106 Kalorien	0 g Kohlenhydrate
1 g Proteine	11 g Fett

Zutaten für etwa 10 Kugeln

Für die Kugeln

150 g Macadamianüsse
1 TL Joghurtferment vegan
1 ½ TL Zitronensaft
1 ½ TL Edelhefe
1 TL Salz
1 Msp. Muskatnuss

Zum Wälzen (nach Belieben)

gehackte Haselnüsse
gehackte Mandeln
Sesamsamen
Kräuter nach Belieben
essbare Blüten

Außerdem

Hochleistungsmixer
Baumwolltuch

Zubereitung

1 Macadamiamüsse in ausreichend kaltem Wasser einweichen und abdecken. Nach 6 Stunden oder einer Nacht abgießen und mit reichlich kaltem Wasser abwaschen.

2 Geben Sie sie dann mit 150 ml Wasser in den Hochleistungsmixer und verarbeiten Sie sie zu einer feinen Creme. Dann rühren Sie das vegane Joghurtferment ein. Geben Sie die Masse in ein Baumwolltuch und verschnüren Sie es gut. Beschweren Sie das Päckchen mit einem schweren Gegenstand, sodass die Flüssigkeit herausgepresst wird und abtropfen kann. Lassen Sie das Ganze 18 Stunden bei Raumtemperatur stehen.

3 Anschließend geben Sie den Käseteig aus dem Tuch in eine Schüssel. Danach vermengen Sie ihn mit Zitronensaft, Edelhefe, Salz und Muskat. Damit die Kugeln sich besser formen lassen, stellen Sie den Teig für mindestens eine Stunde in den Kühlschrank.

4 Aus dem gekühlten Teig formen Sie Kugeln mit knapp 2 cm Durchmesser und wälzen sie nach Belieben in gehackten Haselnüssen, Mandeln, Sesam, Kräutern oder essbaren Blüten. Lagern Sie die Kugeln im Kühlschrank.

Fat Bombs

Zubereitungszeit: 15 Minuten
Kühlzeit: 1 Stunde

Nährwerte für 1 Portion (1 Stück)

118 Kalorien	2 g Kohlenhydrate
3 g Proteine	11 g Fett

Zutaten für 25 Stück

Für die Cookieschicht
50 g Kokosöl
20 g Erythrit
125 g Mandelmus
1 TL Johannisbrotkernmehl
75 g veganes Proteinpulver, Schoko
70 g MCT-Öl
2 EL Backkakao

Für die Karamellschicht
75 g vegane Margarine
100 g Sojasahne
10 g Pudererythrit
¼ TL Johannisbrotkernmehl
1 Prise gemahlene Vanille
1 Prise Zimt
1 Prise Salz

Außerdem
Backpapier
Kleines Blech (20 x 30 cm)

Zubereitung

1 Für die Cookieschicht Kokosöl, Erythrit und Mandelmus in einem Topf mischen und erwärmen, bis alles geschmolzen ist. Nun das Johannisbrotkernmehl dazugeben und die Masse unter Rühren einmal aufkochen lassen. Proteinpulver und Backkakao in einer Schüssel mischen. Die Kokos-Mandel-Masse und das MCT-Öl dazugeben und zu einer homogenen Masse verrühren.

2 Für die Karamellschicht die Margarine in einer kleinen Pfanne schmelzen lassen. Auf mittlerer Temperatur köcheln lassen, bis sie braun wird (nicht zu heiß und nicht zu lange). Anschließend alle Zutaten inklusive der Margarine zu einer cremigen Sauce mixen.

3 Ein kleines Blech mit Backpapier auslegen und mit der Cookiemasse befüllen. Die Karamellsauce als zweite Schicht darauf verteilen. Das Blech für etwa 1 Stunde ins Gefrierfach stellen, bis alles fest ist. In 25 kleine Quadrate schneiden und servieren.

Proteinriegel

Zubereitungszeit: 15 Minuten
Kühlzeit: 30 Minuten

Nährwerte für 1 Portion

211 Kalorien	9 g Kohlenhydrate
11 g Proteine	14 g Fett

Zutaten für 12 Riegel

80 ml Leinöl
40 g Macapulver
120 g veganes Proteinpulver, z. B. Vanille
80 g gehackte Mandeln
310 ml Wasser
40 g Kakaonibs
80 g Kokosflocken
40 g Mandelmus

Zubereitung

1 Vermischen Sie Leinöl, Macapulver, Proteinpulver, gehackte Mandeln und Wasser in einer Schüssel und kneten Sie alles zu einem Teig. Formen Sie zwölf Riegel und schneiden Sie diese mit einem scharfen Messer in Form.

2 Danach hacken Sie die Kakaonibs klein. Bestreichen Sie die Riegel mit Mandelmus, panieren Sie sie anschließend mit Kakaonibs und Kokosraspeln und stellen Sie sie ca. 30 Minuten in den Kühlschrank.

Nussmix mit Tomaten

Einweichzeit: über Nacht
Zubereitungszeit: 10 Minuten

Nährwerte für 1 Portion

520 Kalorien	12 g Kohlenhydrate
16 g Proteine	45 g Fett

Zutaten für 2 Portionen

50 g Mandeln
20 g Pekannüsse
50 g Macadamianüsse
50 g eingeweichte Sonnenblumenkerne
1 Prise Kurkumapulver
Salz, Pfeffer
1 Msp. Muskatnuss
1 kleine Tomate
je 1 EL Petersilie und Schnittlauch
einige Salatblätter
Außerdem
Küchenmaschine

Zubereitung

1 Weichen Sie Mandeln, Nüsse und Sonnenblumenkerne über Nacht ein. Geben Sie sie mit den Gewürzen in die Küchenmaschine, bis die Masse eine feine Konsistenz hat.

2 Würfeln Sie nun die Tomate fein und mengen Sie die Tomatenwürfel sowie die gehackten Kräuter unter die Masse. Breiten Sie die Salatblätter als Salatbett auf zwei Tellern aus und richten Sie die Nussmasse darauf an.

Nusstofu

Zubereitungszeit: 10 Minuten

Nährwerte für 1 Portion

587 Kalorien	6 g Kohlenhydrate
26 g Proteine	52 g Fett

Zutaten für 4 Portionen

800 g frischer Tofu
200 g Haselnusskerne
8 EL Senf
4 EL Rapsöl

Zubereitung

1 Schneiden Sie den Tofu in ca. 1 cm dicke Ecken oder Scheiben. Hacken Sie die Haselnüsse. Wenden Sie dann den Tofu erst in Senf und danach in den gehackten Nüssen, die Nüsse drücken Sie dabei leicht an.

2 Erhitzen Sie das Öl in einer beschichteten Pfanne und braten Sie die Tofuscheiben darin bei mittlerer Hitze von jeder Seite 2 bis 3 Minuten an.

Keto-Schmarrn

Zubereitungszeit: 25 Minuten

Nährwerte für 1 Portion

354 Kalorien	10 g Kohlenhydrate
16 g Proteine	28 g Fett

Zutaten für 2 Portionen

Für den Teig
220 ml Sojamilch
40 g gemahlene Mandeln
20 g Sojamehl
20 g Kokosraspeln
5 g Kakaopulver
1 TL Backpulver
Blaubeeren
1 EL Rapsöl
Für das Topping
100 g Sojajoghurt
Zimt

Zubereitung

1 Mischen Sie alle Zutaten für den Teig. Erhitzen Sie 1 EL Öl und geben Sie den Teig in die heiße Pfanne. Fügen Sie danach die Beeren dazu. Backen Sie den Kaiserschmarrn wie gewohnt in der Pfanne und wenden Sie ihn gelegentlich.

2 Wenn der Kaiserschmarrn fertig ist, geben Sie das kalte Topping darüber.

Veganes „Rührei"

Zubereitungszeit: 15 Minuten

Nährwerte für 1 Portion

224 Kalorien	6 g Kohlenhydrate
16 g Fett	14 g Proteine

Zutaten für 1 Portion

- 1 EL Kokosöl
- 120 g Tofu
- Kurkuma
- 70 g Cocktailtomaten
- ½ Zwiebel
- 100 g Champignons
- Salz, Pfeffer
- Kräuter nach Belieben

Zubereitung

1 Erhitzen Sie das Kokosöl in einer Pfanne, bröseln Sie den Tofu mit der Hand hinein und lassen Sie ihn anbraten, bis er goldgelb ist. Würzen Sie anschließend mit Kurkuma.

2 Halbieren Sie die Tomaten, würfeln Sie die Zwiebel, putzen Sie die Pilze und schneiden sie in Scheiben. Geben Sie das Gemüse und die Pilze in die Pfanne und lassen Sie es etwas anbraten. Schmecken Sie das vegane Rührei mit Salz und Pfeffer ab und mischen Sie zum Schluss die Kräuter unter.

AUS DEM BACKOFEN

AUFLÄUFE UND ÜBERBACKENES

Sellerieauflauf

Zubereitungszeit: 20 Minuten
Backzeit: 60–90 Minuten

Nährwerte für 1 Portion

481 Kalorien	20 g Kohlenhydrate
15 g Proteine	38 g Fett

Zutaten für 2 Portionen

vegane Margarine zum Einfetten
2 Sellerieknollen (ca. 1500 g)
1 Packung Sojasahne (200 ml)
50 g vegane Margarine
2 Knoblauchzehen
2 Thymianzweige
Salz, Pfeffer
Außerdem
Alufolie oder Backpapier

Zubereitung

1 Heizen Sie den Backofen auf 180 °C vor. Fetten Sie eine 5 cm hohe Auflaufform sorgfältig ein.

2 Schälen Sie den Sellerie und schneiden Sie sie in hauchdünne Scheiben. Schälen Sie dann den Knoblauch und schneiden Sie ihn klein.

3 Kochen Sie dann Sahne und Margarine in einem Topf auf. Sobald die Mischung kocht, nehmen Sie den Topf wieder vom Herd.

4 Geben Sie eine Schicht der Creme in die Auflaufform. Darauf verteilen Sie eine Schicht Sellerie, die Sie mit etwas Knoblauch und Thymianblättern bestreuen. Geben Sie eine weitere Schicht Creme darauf. Das Ganze bestreuen Sie mit Salz und Pfeffer und wiederholen danach den Vorgang. Es sollten insgesamt vier bis fünf Schichten werden. Drücken Sie nach jeder Schicht alles gut an und schließen Sie mit einer Schicht Creme ab, die Sie mit Salz, Pfeffer und Thymian bestreuen.

5 Stellen Sie die Auflaufform für 1 bis 1 ½ Stunden in den Backofen. Falls die Oberseite zu dunkel wird, decken Sie die Auflaufform mit Alufolie oder Backpapier ab. Mit einem Messerstich in die Mitte können Sie prüfen, ob der Sellerie weich ist.

Gebackene Auberginen in Tomatensoße

Zubereitungszeit: 25 Minuten
Backzeit: 15 Minuten

Nährwerte für 1 Portion

231 Kalorien	15 g Kohlenhydrate
4 g Proteine	16 g Fett

Zutaten für 2 Portionen

1 mittelgroße Aubergine (ca. 340 g)
Olivenöl
Salz, Pfeffer
100 g veganer Mozzarella

Für die Tomatensoße

1 Zwiebel
2 Knoblauchzehen
½ EL Olivenöl
400 g Tomaten

Zubereitung

1 Heizen Sie den Backofengrill vor.

2 Schneiden Sie die Aubergine in Scheiben und bestreichen sie auf beiden Seiten mit Olivenöl. Legen Sie die Scheiben nebeneinander auf ein Backblech und backen sie von beiden Seiten je etwa 3 Minuten, bis sie weich, aber nicht gebräunt sind.

3 In der Zwischenzeit bereiten Sie die Soße zu. Dazu schälen Sie die Zwiebel und die Knoblauchzehen und hacken beides fein. Erhitzen Sie das Öl in einem Topf, geben Sie die Zwiebel hinein und braten Sie sie zugedeckt etwa 8 Minuten fast weich. Fügen Sie den Knoblauch hinzu und braten Sie ihn 2 Minuten mit. Währenddessen schneiden Sie die Tomaten in Stücke und geben diese mit in den Topf. Lassen Sie die Soße ohne Deckel 10 Minuten köcheln, bis sie stark eingedickt ist.

4 Die Auberginenscheiben würzen Sie mit Salz und Pfeffer und setzen Sie in eine flache Auflaufform. Danach schneiden Sie den veganen Mozzarella in Scheiben. Anschließend verteilen Sie die Tomatensoße über den Auberginenscheiben und legen die Mozzarellascheiben darauf.

5 Überbacken Sie alles im Backofen etwa 10 Minuten. Der Käse sollte geschmolzen und oben goldbraun sein.

Gegrillte Auberginen

Zubereitungszeit: 30 Minuten

Nährwerte für 1 Portion

265 Kalorien	18 g Kohlenhydrate
3 g Proteine	25 g Fett

Zutaten für 2 Portionen

1 mittelgroße Aubergine (ca. 340 g)
100 g Käsescheibenersatz
1–1 ½ EL Olivenöl
2 EL gehackte Minzblätter

Für die Marinade

½ Knoblauchzehe
1 TL Sojasoße
1 EL Balsamico
1 ½ EL Rapsöl
Cayennepfeffer
Pfeffer

Zubereitung

1 Heizen Sie den Backofengrill vor.

2 Für die Marinade schälen Sie den Knoblauch, zerdrücken ihn mit einem Messer und mischen ihn unter die restlichen Zutaten.

3 Schneiden Sie die Aubergine in etwa 6 mm dicke Scheiben, legen diese in eine Auflaufform und gießen die Marinade darüber, sodass die Scheiben rundum gut bedeckt sind.

4 Geben Sie die Auflaufform in den Backofen und grillen Sie die Auberginen auf beiden Seiten etwa 10 Minuten, bis sie schön weich sind.

5 Inzwischen bestreichen Sie die veganen Käsescheiben mit Olivenöl und braten sie in einer Pfanne ohne Fett 1 bis 2 Minuten, bis sie leicht gebräunt sind.

6 Legen Sie die gegrillten Auberginenscheiben auf eine große Platte. Falls Marinade übrig ist, können Sie diese über die Auberginen gießen. Belegen Sie das Ganze mit den veganen Käsescheiben und servieren Sie das Gericht mit gehackter Minze.

Überbackene Zucchini

Zubereitungszeit: 10 Minuten
Backzeit: 15 Minuten

Nährwerte für 1 Portion

271 Kalorien	11 g Kohlenhydrate
13 g Proteine	18 g Fett

Zutaten für 2 Portionen

1 Zucchini (ca. 200 g)
20 g Kürbiskerne
30 g Sonnenblumenkerne
1 Handvoll Basilikum
35 g Tofu
Salz
2 Tomaten
½ TL getrockneter Oregano
1 ½ EL Olivenöl

Außerdem

Apfelausstecher
Runde Backform (20 cm Durchmesser)
Spritzbeutel

Zubereitung

1 Heizen Sie den Backofen auf 190 °C vor.

2 Schneiden Sie die Zucchini in 4 cm breite Stücke. Lösen Sie aus der Mitte der Stücke das Fruchtfleisch mit einem Apfelausstecher heraus und setzen Sie die Zucchiniringe in eine runde Backform.

3 Pürieren Sie das ausgelöste Zucchinifruchtfleisch mit Kürbis- und Sonnenblumenkernen, Basilikumblättchen und Tofu zu einer feinen Creme und schmecken Sie diese mit Salz ab. Füllen Sie die Creme in einen Spritzbeutel und spritzen diese in die Zucchiniringe.

4 Schneiden Sie die Tomaten in kleine Würfel und würzen Sie mit Oregano, Olivenöl und Salz. Verteilen Sie die Tomaten um die Zucchini und garen Sie alles im vorgeheizten Backofen für 15 Minuten.

Gefüllte Riesenchampignons

Zubereitungszeit: 30 Minuten
Backzeit: 15 Minuten

Nährwerte für 1 Portion

304 Kalorien	7 g Kohlenhydrate
9 g Proteine	26 g Fett

Zutaten für 2 Portionen

4 Riesenchampignons (ca. 320 g)
2 EL Olivenöl
3 Tomaten
½ rote Zwiebel
30 g Räuchertofu
25 g schwarze Oliven
2 EL Kokosöl
2 Stängel glatte Petersilie
Salz, Pfeffer
Außerdem
Backpapier

Zubereitung

1 Heizen Sie den Backofen auf 220 °C vor.

2 Putzen Sie die Riesenchampignons, entfernen Sie die Stiele und verwenden Sie diese anderweitig. Bepinseln Sie die Pilzköpfe von allen Seiten mit dem Olivenöl und setzen Sie sie mit der Öffnung nach oben auf ein mit Backpapier ausgelegtes Backblech. Garen Sie sie im Backofen ca. 15 Minuten.

3 Waschen, vierteln, entkernen und würfeln Sie in der Zwischenzeit die Tomaten. Schälen Sie die Zwiebel und würfeln Sie sie fein. Zerbröckeln Sie den Räuchertofu und schneiden Sie die Oliven in Scheiben. Danach hacken Sie die Petersilie.

4 Mischen Sie die Tomaten- und Zwiebelwürfel, den Räuchertofu, die schwarzen Oliven, das Kokosöl und die gehackte Petersilie. Füllen Sie diese Mischung in die gegarten Pilzköpfe und würzen sie mit Salz und Pfeffer.

Schwarzwurzelgratin mit Thymian

Zubereitungszeit: 40 Minuten
Backzeit: 15–20 Minuten

Nährwerte für 1 Portion

475 Kalorien	16 g Kohlenhydrate
11 g Proteine	40 g Fett

Zutaten für 1 Portion

200 g Schwarzwurzeln
100 ml Sojasahne
1 EL Kokosöl
30 g Schmelzkäseersatz
1 TL Senf
Salz, Pfeffer
frischer Thymian

Zubereitung

1 Garen Sie die Schwarzwurzeln in Salzwasser etwa 20 Minuten bissfest.

2 Heizen Sie inzwischen den Backofen auf 200 °C vor.

3 Erhitzen Sie die Sojasahne und das Kokosöl, schmelzen Sie die Hälfte des Käseersatzes darin und schmecken Sie mit Senf, Salz und Pfeffer sowie dem frischen Thymian ab.

4 Gießen Sie die Schwarzwurzeln ab, schichten Sie sie in eine Auflaufform, begießen Sie sie mit der Thymiansahne und bestreuen Sie sie mit dem restlichen Käseersatz.

5 Backen Sie das Gratin 15 bis 20 Minuten.

Tomaten-Pesto-Tarte

Zubereitungszeit: 35 Minuten
Backzeit: 15 Minuten

Nährwerte für 1 Portion

556 Kalorien	7 g Kohlenhydrate
23 g Proteine	48 g Fett

Zutaten für 2 Portionen

Für den Walnussteig
- 100 g Sojamehl
- 1 Prise Salz
- 4 EL Rapsöl
- 2 EL Wasser
- 25 g Walnusskerne

Für die Füllung
- 1 große Zwiebel
- 2 EL Olivenöl
- 1 ½ EL Pesto
- 200 g reife Tomaten
- Salz, Pfeffer
- einige Basilikumblätter

Außerdem
- Tarteform

Zubereitung

1 Heizen Sie den Backofen auf 220 °C vor.

2 Für den Teig geben Sie Mehl und Salz in eine Schüssel. Fügen Sie Öl und Wasser dazu und mischen Sie alles vorsichtig mit einer Gabel zu einem kompakten Teig. Heben Sie anschließend die grob gehackten Walnusskerne unter.

3 Verteilen Sie den Teig mit den Fingern möglichst gleichmäßig auf dem Boden einer Tarteform. Drücken Sie am Rand ein wenig nach oben, wobei es kein richtiger Rand werden muss. Backen Sie den Boden 6 bis 8 Minuten.

4 Inzwischen schneiden Sie die Zwiebel in feine Ringe und garen sie mit 1 EL ÖL zugedeckt 10 bis 15 Minuten. Träufeln Sie das Pesto über den Teig und verteilen Sie die Zwiebeln gleichmäßig darüber. Danach schneiden Sie die Tomaten in dünne Scheiben und bedecken die Tarte vollständig damit. Salzen Sie die Tomatenscheiben, mahlen Sie etwas Pfeffer darüber und beträufeln sie mit dem restlichen Olivenöl.

5 Backen Sie die Tarte im Backofen 8 bis 10 Minuten und garnieren sie mit einigen Basilikumblättern.

BROTE UND BRÖTCHEN

Keto-Brot I

Zubereitungszeit: 20 Minuten
Backzeit: 30–35 Minuten

Nährwerte für 1 Scheibe

63 Kalorien	1 g Kohlenhydrate
4 g Proteine	5 g Fett

Zutaten für 1 Brot (22 Scheiben)

120 g gemahlene Mandeln
40 g gemahlene Leinsamen
20 g Kokosmehl
10 g gemahlene Flohsamenschalen
20 g Sojamehl
20 g veganes Proteinpulver
1 TL Rapsöl
½ TL Salz
½ TL Natron
2 EL Sojamehl
4 EL Wasser
50 g Sojajoghurt
½ EL Apfelessig
120 ml Wasser

Außerdem

Backpapier
Kastenform (20 × 10 cm)

Zubereitung

1 Heizen Sie den Backofen auf 190 °C vor.

2 Vermischen Sie Mandeln, Leinsamen, Kokosmehl, Flohsamenschalen, Sojamehl, Proteinpulver, Öl, Salz und Natron in einer Schüssel.

3 Schlagen Sie in einer anderen Schüssel Sojamehl mit Wasser, Sojajoghurt und Essig schaumig. Rühren Sie die trockenen Zutaten in die schaumige Flüssigkeit und vermischen Sie alles gut.

4 Füllen Sie die Masse in eine mit Backpapier ausgelegte Kastenform und backen Sie das Ganze auf der mittleren Schiene 30 bis 35 Minuten. Lassen Sie das Brot auf einem Rost vollständig auskühlen.

5 Die Form ergibt einen flachen Laib mit circa 22 Scheiben.

Keto-Brot II

Zubereitungszeit: 10 Minuten
Gehzeit: 8–10 Stunden
Backzeit: 60 Minuten

Nährwerte für 1 Scheibe

164 Kalorien	4 g Kohlenhydrate
17 g Proteine	8 g Fett

Zutaten für 1 Brot (10 Scheiben)

100 g gemahlene Mandeln
110 g gemahlener Leinsamen
125 g Gluten
1 EL Sonnenblumenkerne
1 Prise Salz
11 g Trockenhefe
340 ml lauwarmes Wasser
Außerdem
Backpapier
Kastenform (24 cm)

Zubereitung

1 Mischen Sie die trockenen Zutaten und kneten Sie lauwarmes Wasser unter. Aus dem Brotteig formen Sie einen länglichen Laib und legen ihn in eine mit Backpapier ausgelegte Kastenform. Lassen Sie den Teig 8 bis 10 Stunden gehen.

2 Backen Sie das auf das Doppelte aufgegangene Brot im Backofen bei 160 °C auf mittlerer Schiene ca. 60 Minuten. Nach 20 Minuten schneiden Sie es oben längs ein.

3 Nehmen Sie nach dem Backen das Brot aus der Form und lassen Sie es auf einem Kuchengitter auskühlen.

Körnerbrot

Zubereitungszeit: 15 Minuten
Backzeit: 90–110 Minuten

Nährwerte für 1 Scheibe

300 Kalorien	4 g Kohlenhydrate
19 g Proteine	22 g Fett

Zutaten für 1 Brot (10 Scheiben)

- 120 g gemahlene Mandeln
- 60 g Sojamehl
- 60 g geschrotete Leinsamen
- 60 g veganes Eiweißpulver
- 30 g gehackte Walnüsse
- 30 g Sonnenblumenkerne
- 30 g Kürbiskerne
- 30 g geschälte Sesamsaat
- 30 g ganze Leinsamen
- 45 g Weizenkleie
- 1 EL Salz
- 1 Päckchen Trockenbackhefe
- ½ Päckchen Backpulver
- 3 EL Sojamehl + 3 EL Wasser
- 30 g vegane Margarine
- 180 ml lauwarmes Wasser

Außerdem

- Backpapier
- Kastenform (24 cm)

Zubereitung

1 Vermischen Sie alle trockenen Zutaten in einer Schüssel und schmelzen Sie die Margarine. Verrühren Sie das Sojamehl mit Wasser, fügen Sie Margarine und lauwarmes Wasser nach und nach hinzu. Geben Sie die Flüssigkeit zu den trockenen Zutaten und rühren Sie diese schnell und kräftig unter, bis ein zäher Teig entstanden ist.

2 Füllen Sie den Teig in eine mit Backpapier ausgeschlagene Kastenform und lassen ihn im Backofen bei maximal 50 °C 30 bis 45 Minuten gehen. Dann backen Sie das Brot bei 180 °C etwa 60 Minuten.

Tofubrötchen

Zubereitungszeit: 15 Minuten
Backzeit: 20 Minuten

Nährwerte für 1 Brötchen

333 Kalorien	5 g Kohlenhydrate
16 g Proteine	26 g Fett

Zutaten für 8 Brötchen

200 g fester Tofu
100 ml Sojamilch
4 EL Kokosöl
1 EL Essig
250 g gemahlene Mandeln
75 g Sojamehl
70 g gemahlene Leinsamen
1 TL Salz
2 TL Natron
1 TL Johannisbrotkernmehl
Sojamilch zum Bestreichen

Außerdem

Backpapier

Zubereitung

1 Heizen Sie den Backofen auf 200 °C vor.

2 Mixen Sie Tofu mit Sojamilch, Öl und Essig cremig.

3 Vermischen Sie gemahlene Mandeln, Sojamehl, gemahlene Leinsamen, Salz, Natron und Johannisbrotkernmehl gut. Kneten Sie diese Mischung mit der Tofu-Milch-Masse zu einem weichen Teig und formen Sie acht Brötchen.

4 Legen Sie die Brötchen auf ein mit Backpapier ausgelegtes Backblech, bestreichen Sie die Brötchen mit Sojamilch und backen Sie sie ca. 20 Minuten. Vor dem Aufschneiden lassen Sie die Brötchen auf einem Gitter auskühlen.

Seitanbrötchen

Zubereitungszeit: 15 Minuten
Backzeit: 30–40 Minuten

Nährwerte für 1 Brötchen

233 Kalorien	7 g Kohlenhydrate
19 g Proteine	14 g Fett

Zutaten für 4 Brötchen

200 g Seitan
50 g Sojamehl
100 g vegane Käsewürfel
5 g Backpulver
Trockenkräuter und -gewürze nach Belieben
100–200 ml Wasser
2 EL Kokosöl

Außerdem

Backpapier

Zubereitung

1 Heizen Sie den Backofen auf 180 °C vor.

2 Vermengen Sie die Trockenzutaten in einer Schüssel. Geben Sie nun nach und nach das kalte Wasser dazu und verrühren Sie alles mit einer Gabel. Nehmen Sie den Teig aus der Schüssel und kneten Sie ihn für ca. 2 Minuten. Danach zerteilen Sie den Teig in vier gleiche Stücke und formen ihn zu Brötchen.

3 Legen Sie die Brötchen mit etwas Abstand auf ein mit Backpapier ausgelegtes Backblech. Was Sie beachten sollten: Einige Kräuter und Käsewürfel könnten aus den Brötchen herausfallen. Kneten Sie diese wieder ein oder streuen Sie sie auf die fertig geformten Brötchen.

4 Backen Sie die Brötchen nun im Ofen für ca. 30 bis 40 Minuten, bis die Kruste eine schöne braune Farbe hat.

Partybrötchen

Zubereitungszeit: 15 Minuten
Backzeit: 25–30 Minuten

Nährwerte für 2 Brötchen

220 Kalorien	2 g Kohlenhydrate
15 g Proteine	18 g Fett

Zutaten für 8 Brötchen

100 g veganer Quark
4 EL Rapsöl
2 EL Sojamilch
1 EL Sojamehl + Wasser
1 Prise Salz
1 Msp. Anispulver
1 Msp. Fenchelsamen
2 TL Leinsamenschrot
20 g Gluten
100 g Sojamehl
4 g Weinsteinbackpulver
Außerdem
Backpapier

Zubereitung

1 Rühren Sie Quark mit Öl, Sojamilch, Sojamehl (mit Wasser angerührt) und Salz glatt. Geben Sie Anispulver, Fenchel und Leinsamen dazu. Mischen Sie Gluten mit Sojamehl und Backpulver, geben Sie die Mischung zu den anderen Zutaten und verkneten Sie alles zu einem glatten Teig.

2 Formen Sie acht kleine Brötchen, legen Sie diese auf ein mit Backpapier belegtes Backblech und backen Sie im Ofen 25 bis 30 Minuten.

PFANNENGERICHTE UND CURRYS

Kräuterseitlinge und Lauch

Zubereitungszeit: 40 Minuten

Nährwerte für 1 Portion

504 Kalorien	34 g Kohlenhydrate
39 g Fett	15 g Proteine

Zutaten für 2 Portionen

- 330 g Kräuterseitlinge
- 300 g Porree
- 2 Schalotten
- Saft und Schale von 1 Zitrone
- 30 g gehackt Pekannüsse
- 1 ½ EL Walnussöl
- 2 EL Rapsöl
- Salz, Pfeffer
- 20 g Pinienkerne
- 25 g Mandelparmesan (s. u.)

Für 100 g Mandelparmesan

- 50 g Mandeln
- 40 g Hefeflocken
- 1 TL Salz
- 1 TL Apfelessig

Zubereitung

1 Für den Mandelparmesan zerkleinern Sie alle Zutaten im Mixer.

2 Putzen Sie die Kräuterseitlinge und schneiden Sie sie in kleine Stücke. Putzen Sie den Lauch und schneiden Sie ihn in schmale Ringe. Schälen Sie die Schalotten und würfeln Sie sie fein.

3 Reiben Sie die Schale der Zitrone ab und pressen Sie den Saft aus. Geben Sie die Paranusskerne in eine kleine Schüssel und vermischen sie mit dem Walnussöl, der Zitronenschale und dem -saft.

4 Erhitzen Sie in einer großen Pfanne das Öl bei mittlerer Temperatur und dünsten Sie die Schalotten darin an. Anschließend braten Sie den Lauch und die Kräuterseitlinge 5 Minuten goldgelb.

5 Salzen und pfeffern Sie die Lauch-Pilz-Mischung. Geben Sie die Nuss-Öl-Mischung darüber. Richten Sie alles auf zwei Tellern an und streuen Sie zum Servieren die Pinienkerne und den Mandelparmesan darüber.

Gefüllte Champignons mit Cashewcreme

Einweichzeit: mindestens 30 Minuten
Zubereitungszeit: 20 Minuten
Backzeit: 20 Minuten

Nährwerte für 1 Portion

474 Kalorien	26 g Kohlenhydrate
16 g Proteine	34 g Fett

Zutaten für 2 Portionen

- 150 g Cashewkerne
- 1 Handvoll Basilikum
- 2 EL Kokosmilch
- Saft von ½ Limette
- 60 ml Wasser
- Salz, Pfeffer
- 8 große braune Champignons (ca. 650 g)

Zubereitung

1 Weichen Sie die Cashewkerne ca. 30 Minuten bis eine Stunde in frischem Wasser ein.

2 Gießen Sie die Nüsse ab und geben Sie diese zusammen mit den restlichen Zutaten (außer Champignons) in einen Mixer. Verrühren Sie alles zu einer feinen Creme und geben Sie eventuell noch etwas Wasser dazu, wenn der Mixer nicht stark genug ist.

3 Heizen Sie den Backofen auf 180 °C vor.

4 Putzen Sie die Champignons, entfernen Sie die Stängel, füllen Sie jeden Champignon mit ca. 1 TL der Cashew-Basilikum-Creme und backen Sie sie für 15 bis 20 Minuten. Die Champignons sind fertig, sobald die Pilze schrumpelig werden.

Blumenkohlbratlinge

Zubereitungszeit: 25 Minuten

Nährwerte für 1 Portion (1 Bratling)

594 Kalorien	3 g Kohlenhydrate
7 g Proteine	63 g Fett

Zutaten für 8 Stück

220 g Blumenkohl
60 g + 2 EL Sojamehl
1 TL Backpulver
60 g Mandel-Parmesan (siehe Seite 120)
½ TL Muskatnuss
½ TL getrocknete rote Chilischoten
Salz, Pfeffer
1 EL + 500 ml Rapsöl

Außerdem

Fritteuse oder hoher Topf

Zubereitung

1 Zerteilen Sie den Blumenkohl in Röschen und kochen Sie diese bissfest. Schrecken Sie sie unter kaltem Wasser ab, hacken Sie die Röschen in kleine Stücke und geben Sie sie in eine Schüssel.

2 Sieben Sie Mehl und Backpulver in eine Schüssel. Geben Sie Käseersatz, Muskatnuss und Chilischoten hinzu und salzen und pfeffern Sie alles.

3 Verrühren Sie nun 2 EL Sojamehl mit 1 EL Öl und geben Sie diese zu der Masse dazu. Verrühren Sie das Ganze langsam mit einem Holzlöffel, bis alles gut vermischt ist und sich die meisten Klümpchen aufgelöst haben. Dann heben Sie den Blumenkohl sorgfältig unter.

4 Erhitzen Sie das Öl auf 170 °C – vorzugsweise in der Fritteuse, aber es funktioniert auch ein hoher Topf. Lassen Sie die Blumenkohlmischung löffelweise in das heiße Öl gleiten. Achtung, hierbei kann es spritzen! Frittieren Sie die Bratlinge goldbraun und lassen Sie diese auf Küchenpapier abtropfen. Zum Schluss noch mit Salz und Pfeffer bestreuen und heiß servieren.

Gemüseeintopf mit Tofu

Zubereitungszeit: 30 Minuten

Nährwerte für 1 Portion

521 Kalorien	14 g Kohlenhydrate
11 g Proteine	46 g Fett

Zutaten für 1 Portion

- 50 g Zucchini
- 40 g grüner Spargel
- 30 g gelbe Paprika
- 50 g Karotte
- 20 g rote Zwiebel
- 1 Knoblauchzehe
- 5 g Frühlingszwiebel
- 25 g Räuchertofu
- 3 EL Olivenöl
- 100 g stückige Tomaten aus der Dose
- Salz, Pfeffer
- 50 g Creme vega

Zubereitung

1 Schälen, putzen und zerkleinern Sie das Gemüse, hacken Sie den Knoblauch fein. Trennen Sie von der Frühlingszwiebel das Grün ab, schneiden Sie es in feine Ringe und legen Sie es separat auf die Seite.

2 Anschließend braten Sie die Tofuwürfel in einem Topf in Olivenöl kurz an, bis sie fein angebräunt sind. Dann fügen Sie das geschnittene Gemüse bis auf die stückigen Tomaten und die Frühlingszwiebelringe hinzu und schwitzen es kurz an. Nun geben Sie die Tomatenstücke ebenfalls in den Topf und verrühren sie.

3 Den Eintopf lassen Sie ca. 10 Minuten bei niedriger Hitze unter gelegentlichem Rühren köcheln und würzen anschließend mit Salz und Pfeffer. Garnieren Sie mit einem Klecks Creme vega sowie einigen Ringen Frühlingszwiebel.

Rüben mit Knoblauch und Tofu

Zubereitungszeit: 30 Minuten

Nährwerte für 1 Portion

413 Kalorien	10 g Kohlenhydrate
12 g Proteine	35 g Fett

Zutaten für 1 Portion

3 Knoblauchzehen
3 EL Olivenöl
50 g Räuchertofu
Salz, Pfeffer
1 TL weiße Sesamkörner
1 EL Limettenschale
½ EL Oregano
½ EL Thymianblätter
100 g Babyrüben
½ EL Sherryessig
½ EL Korianderblätter
Außerdem
Alufolie

Zubereitung

1 Heizen Sie den Backofen auf 175 °C vor.

2 Schwenken Sie die Knoblauchzehen mit Haut in einer kleinen Auflaufform in 2 EL Olivenöl. Bedecken Sie die Auflaufform mit Alufolie und rösten Sie den Knoblauch im Ofen etwa 4 Minuten, bis er goldbraun und weich ist, und lassen Sie ihn abkühlen. Nehmen Sie den Knoblauch aus dem Öl und lassen Sie das überschüssige Öl in die Auflaufform abtropfen. Lösen Sie die Haut durch leichtes Drücken von den gerösteten Zehen und hacken Sie die Knoblauchzehen sehr fein.

3 Nun mixen Sie den Knoblauch und den Tofu mit 1 EL Öl aus der Auflaufform zu einer glatten Paste. Wenn nötig, gießen Sie ein wenig Wasser hinein, um sie geschmeidiger zu machen. Schmecken Sie mit Salz und Pfeffer ab. Anschließend lassen Sie die Mischung bei Raumtemperatur ruhen.

4 Währenddessen rösten Sie die Sesamkörner in einer trockenen Pfanne bei mittlerer Temperatur etwa 1 Minute, bis sie goldbraun geworden sind. Die gerösteten Sesamkörner geben Sie in eine kleine Schüssel und lassen sie abkühlen. Rühren Sie die abgeriebene Limettenschale, Oregano und Thymian unter.

5 Schälen Sie die Rüben und schneiden Sie die eine Hälfte in Spalten, die andere Hälfte in Scheiben. Schwenken Sie diese in einer Schüssel in Essig und 1 EL Olivenöl und schmecken Sie mit Salz und Pfeffer ab. Nun verteilen Sie die Tofumischung auf den Teller und legen die Rüben obenauf. Abschließend streuen Sie die Sesammischung und den Koriander darüber und träufeln etwas vom Knoblauchöl dazu.

Sellerie-Blumenkohl-Püree

Zubereitungszeit: 30 Minuten

Nährwerte für 1 Portion

528 Kalorien	6 g Kohlenhydrate
6 g Proteine	52 g Fett

Zutaten für 1 Portion

- 100 g Sellerie
- 100 g Blumenkohl
- 2 EL vegane Margarine
- Salz
- 100 g Mangold
- 1 Knoblauchzehe
- 1 Prise Paprikaflocken
- 4 EL Kokosöl

Zubereitung

1 Erhitzen Sie Wasser in einem großen Topf. Putzen und würfeln Sie den Sellerie, schneiden Sie den Blumenkohl in Röschen und kochen Sie beides weich. Gießen Sie das Wasser ab, fügen 1 EL Margarine und Salz hinzu und stampfen, bis ein glattes Püree entstanden ist.

2 Schneiden Sie die Mangoldblätter und Stiele in Streifen und Scheiben.

3 Erhitzen Sie 1 EL Margarine in einer großen Pfanne. Fügen Sie den gehackten Knoblauch, Paprikaflocken und Kokosöl hinzu und braten alles für 30 Sekunden, bis der Knoblauch duftet. Anschließend geben Sie die Mangoldstreifen und -scheiben dazu und passen dabei auf, dass die Blätter nicht welk werden (2 bis 3 Minuten).

4 Decken Sie die Pfanne ab und lassen Sie alles für weitere 2 bis 3 Minuten kochen, bis die Stängel und Blätter zart sind. Richten Sie den Mangold auf dem Püree an.

Gemüsepuffer mit Tomatensalsa

Zubereitungszeit: 20 Minuten

Nährwerte für 1 Portion

523 Kalorien	9 g Kohlenhydrate
12 g Proteine	47 g Fett

Zutaten für 1 Portion

100 g Zucchini
25 g Karotte
Salz
1 EL Sojamehl
1 TL Flohsamenschalen
Pfeffer
Gewürze nach Belieben
2 Tomaten
1 Handvoll Rucola
2 EL Olivenöl
1 EL Weißweinessig
2 EL Kokosöl
1 EL Kürbiskerne

Außerdem

Geschirrtuch

Zubereitung

1 Raspeln und salzen Sie Zucchini und Karotte. Geben Sie sie in ein Geschirrtuch und drehen Sie dieses zusammen, bis deutlich Flüssigkeit ausgetreten ist. Verrühren Sie die Gemüse mit dem Sojamehl, den Flohsamenschalen, Salz und Pfeffer sowie den Gewürzen (z. B. Kurkuma, Kreuzkümmel, Chili) und lassen Sie die Masse 10 Minuten quellen. Währenddessen würfeln Sie die Tomaten fein und waschen den Rucola.

2 Für die Salsa vermischen Sie die Tomaten mit dem Olivenöl, Essig sowie Salz und Pfeffer. In einer beschichteten Pfanne erhitzen Sie Kokosöl und backen aus der Gemüsemasse insgesamt vier Puffer bei mittlerer Hitze.

3 Servieren Sie die Puffer auf einem Rucola-Salatbett mit Tomatensalsa und garnieren Sie alles mit Kürbiskernen.

„Hackbraten“

Zubereitungszeit: 30 Minuten
Backzeit: 30–40 Minuten

Nährwerte für 1 Portion

96 Kalorien	12 g Kohlenhydrate
6 g Proteine	21 g Fett

Zutaten für 6 Scheiben

200 g trockenes Sojagranulat
Gemüsebrühe
Salz, Pfeffer
Oregano
Zwiebel- und Knoblauchpulver
Chilipulver
50 g Tomatenmark
12 EL Olivenöl
10 g Sojamehl

Außerdem

Kastenform (15 cm)

Zubereitung

1 Weichen Sie das Sojagranulat in einer großen Schüssel in heißer Gemüsebrühe ca. 10 Minuten ein. Die Körner sollten gerade ausreichend mit der Brühe bedeckt sein.

2 Heizen Sie inzwischen den Backofen auf 200 °C vor.

3 Nachdem das Granulat fertig ist, geben Sie Salz, Pfeffer, Oregano, Zwiebel- und Knoblauchpulver und Chilipulver hinzu. Anschließend das Tomatenmark, Olivenöl und Sojamehl. Vermengen Sie alles mit einer Gabel zu einem Brei und würzen bei Bedarf nach.

4 Füllen Sie die Masse sehr fest in die Form, sodass sie nicht auseinanderfällt. Stellen Sie die Form für 30 bis 40 Minuten in den Ofen, bis eine schöne braune und knusprige Kruste entsteht. Anschließend herausnehmen und erkalten lassen.

Spaghettikürbis-Lasagne

Zubereitungszeit: 45 Minuten
Backzeit: 20 Minuten

Nährwerte für 1 Portion

350 Kalorien	17 g Kohlenhydrate
7 g Proteine	27 g Fett

Zutaten für 2 Portionen

- 250 g Spaghettikürbis
- 2 TL Rapsöl
- ½ Zwiebel
- 1 TL Knoblauch
- ½ Dose geschmorte Tomaten (Füllgewicht 200 g)
- 1 TL getrocknetes Basilikum
- ½ Gemüsebrühwürfel
- Pfeffer
- 110 g schwarze Oliven
- 20 g Mozzarellaersatz
- 15 g Hefeflocken

Zubereitung

1 Heizen Sie den Backofen auf 165 °C vor.

2 Bestreichen Sie ein Backblech mit 1 TL Öl und legen Sie die Kürbishälften mit der Schnittseite nach unten darauf. Garen Sie den Kürbis im vorgeheizten Backofen 35 Minuten, bis er sich leicht mit einem Messer einstechen lässt. Nehmen Sie ihn aus dem Ofen und lassen Sie ihn abkühlen. Schalten Sie den Backofen nicht aus.

3 Geben Sie inzwischen 1 TL Öl in eine beschichtete Pfanne und schwitzen Sie fein gehackte Zwiebeln und Knoblauch auf mittlerer Stufe goldbraun an. Geben Sie Tomaten, Basilikum, Brühwürfel und Pfeffer dazu und köcheln Sie alles ca. 15 Minuten, bis die Soße leicht angedickt ist.

4 Danach wird das Kürbisinnere mit einer Gabel bis zur Schale ausgeschabt. Es entstehen Spaghetti ähnliche Fasern.

5 Geben Sie einen Löffel Tomatensoße in jede ausgehöhlte Kürbishälfte. Geben Sie eine Schicht Kürbisfasern darauf und schichten Sie einige gehackte Oliven und Stücke Mozzarellaersatz darüber. Geben Sie weitere Schichten darauf, bis alle Zutaten aufgebraucht sind. Bestreuen Sie die Lasagne mit Hefeflocken und überbacken sie 20 Minuten, bis der Käse geschmolzen ist.

Gebratener Tofu auf Konjaknudeln

Zubereitungszeit: 30 Minuten

Nährwerte für 1 Portion

467 Kalorien	6 g Kohlenhydrate
17 g Proteine	40 g Fett

Zutaten für 1 Portion

- 100 g Konjaknudeln
- 1–2 EL Sesamsamen
- 1 EL Sesamöl
- ½ Limette
- 1 EL Sojasoße
- 50 ml Gemüsebrühe
- 1 Handvoll Zuckerschoten
- 1 Handvoll Chinakohl
- Salz
- 50 g Kimchi
- 80 g Tofu
- 50 g Austernpilze
- 1 EL Kokosöl
- Pfeffer

Zubereitung

1 Spülen Sie die Konjaknudeln unter heißem Wasser ab und erwärmen Sie sie in einer Pfanne.

2 Rösten Sie den Sesam in Sesamöl an und verrühren Sie ihn mit Limettensaft, Sojasoße und der Gemüsebrühe.

3 Schneiden Sie Zuckerschoten und Chinakohl in feine Streifen und blanchieren Sie diese kurz in kochendem Salzwasser.

4 Vermengen Sie den Kimchi mit dem Gemüse und die Nudeln mit dem Dressing. Richten Sie beides auf einem Teller an.

5 Braten Sie Tofu und Austernpilze mit Kokosöl in einer Pfanne rundum goldbraun und knusprig an, beträufeln es mit Sojasoße, salzen und pfeffern Sie es und geben es auf den Nudelsalat.

Rote-Bete-Blumenkohl-Couscous

Zubereitungszeit: 30 Minuten

Nährwerte für 1 Portion

707 Kalorien	9 g Kohlenhydrate
10 g Proteine	69 g Fett

Zutaten für 1 Portion

100 g Blumenkohl
1 Knoblauchzehe
25 g Mandelspitter
50 g Rote Bete (vorgekocht)
3 EL Kokosöl
1 EL Balsamicoessig
3 EL Olivenöl
Salz, Pfeffer
1 TL Zitronensaft

Außerdem

Küchenmaschine

Zubereitung

1 Zerkleinern Sie den Blumenkohl in der Küchenmaschine zu Reisgröße. Das klappt am besten, wenn die Küchenmaschine immer maximal zu einem Drittel gefüllt ist. Stellen Sie den Blumenkohlreis beiseite.

2 Hacken Sie den Knoblauch und die Mandeln. Pürieren Sie die Hälfte der Roten Bete in der Küchenmaschine, würfeln Sie die andere Hälfte.

3 Erhitzen Sie in einer großen Pfanne das Kokosöl. Schwitzen Sie den Knoblauch darin an. Fügen Sie den Blumenkohlreis hinzu und dünsten Sie alles an. Dann geben Sie Rote-Bete-Püree und -Würfel hinzu. Heben Sie die Mandelsplitter unter und schmecken Sie das Cousous mit Essig, Öl, Zitronensaft, Salz und Pfeffer ab.

Kokoscurry mit Rahmspinat

Zubereitungszeit: 20 Minuten
Auftauzeit: 2 Stunden

Nährwerte für 1 Portion

504 Kalorien	15 g Kohlenhydrate
8 g Proteine	45 g Fett

Zutaten für 1 Portion

125 g TK-Spinat
1 TL Currypulver
250 ml Kokosmilch
Salz
1 EL Zitronenschale

Zum Garnieren

Mandeln nach Belieben
Cashewnüsse nach Belieben
getrocknetes Obst nach Belieben

Zubereitung

1 Tauen Sie den Spinat auf.

2 Erwärmen Sie eine Pfanne. Geben Sie das Currypulver und einige Esslöffel von der Kokosmilch hinein und rühren Sie gut um, bis eine homogene Soße entsteht. Lassen Sie alles für ein paar Minuten köcheln. Anschließend mischen Sie den Spinat und den Rest der Kokosmilch unter und kochen das Curry weiter, bis die Soße andickt. Fügen Sie die Zitronenschale hinzu und schmecken Sie das Curry mit Salz ab.

3 Garnieren Sie das Gericht nach Belieben mit Mandeln, Cashewnüssen oder getrocknetem Obst.

Gemüsecurry mit Tofu

Zubereitungszeit: 30 Minuten

Nährwerte für 1 Portion

459 Kalorien	18 g Kohlenhydrate
21 g Proteine	32 g Fett

Zutaten für 2 Portionen

1 Packung fester Tofu (200 g)
1 EL Sesamöl
1 rote Paprika
2 Frühlingszwiebeln
100 g Brokkoli
200 g Mangold
75 g Shiitakepilze
2 EL Erdnussöl
1 TL gelbe Currypaste
80 ml ungesüßte Kokosmilch
Salz, Pfeffer
Außerdem
Wok

Zubereitung

1 Schneiden Sie den Tofu in 1 bis 2 cm große Würfel und mischen sie mit Sesamöl. Schneiden Sie die Paprika in Streifen und die Frühlingszwiebeln in 1 bis 2 cm breite Stücke.

2 Teilen Sie den Brokkoli in Röschen. Schneiden Sie die Stiele des Mangolds in feine, die Blätter in ca. 2 cm breite Streifen. Halbieren Sie die Pilze.

3 Erhitzen Sie 1 EL Erdnussöl im Wok, braten Sie den Tofu darin in 2 bis 3 Minuten scharf an, nehmen Sie ihn wieder heraus und halten ihn warm.

4 Erhitzen Sie das übrige Erdnussöl und braten Sie Paprika, Brokkoli und Mangoldstiele unter regelmäßigem Wenden 4 bis 5 Minuten darin an. Geben Sie dann Frühlingszwiebeln, Pilze und Mangoldblätter dazu und braten Sie alles weitere 1 bis 2 Minuten.

5 Rühren Sie nun die Currypaste unter, gießen Sie die Kokosmilch dazu und lassen Sie alles offen 1 bis 2 Minuten einkochen. Salzen und pfeffern Sie das Curry, richten es auf zwei Tellern an und geben den Tofu darauf.

Spinat-Tofu-Curry

Zubereitungszeit: 40 Minuten

Nährwerte für 1 Portion

550 Kalorien	19 g Kohlenhydrate
27 g Proteine	39 g Fett

Zutaten für 2 Portionen

- 2 mittelgroße Karotten
- 1 große Aubergine (ca. 360 g)
- 4 Champignons
- 4 Tomaten
- 6 EL Olivenöl
- 2 TL Cumin (Kreuzkümmel)
- 2 TL Koriandersamen
- Salz
- 200 g Tofu
- 800 g frischer Spinat

Zubereitung

1 Schälen Sie die Karotten. Schneiden Sie die Aubergine, die Karotten, die Pilze und die Tomaten in kleine Würfel. Erhitzen Sie das Öl und braten Sie das Gemüse an. Geben Sie Cumin, Koriandersamen und Salz dazu und garen Sie alles zugedeckt etwa 5 Minuten. Pürieren Sie anschließend das Gemüse.

2 Geben Sie den gewürfelten Tofu dazu und garen Sie das Ganze bei kleiner Hitze weitere 10 Minuten. Putzen Sie den Spinat und heben ihn unter das heiße Gemüse. Nehmen Sie das Curry vom Herd und lassen Sie den Spinat durch die Hitze des Gemüses garen. Schmecken Sie zum Schluss noch einmal mit Salz ab.

Kokos-Kichererbsen-Curry

Einweichzeit: über Nacht
Kochzeit: 2 Stunden
Zubereitungszeit: 20 Minuten

Nährwerte für 1 Portion

482 Kalorien	32 g Kohlenhydrate
9 g Proteine	33 g Fett

Zutaten für 2 Portionen

- 25 g Kichererbsen
- 300 ml Kokosmilch
- Salz
- Saft von 1 ½ Zitronen
- 250 g Hokkaidokürbis
- 110 g Blumenkohl
- 1 kleine Zucchini (ca. 170 g)

Zubereitung

1 Weichen Sie die Kichererbsen in kaltem Wasser über Nacht ein. Gießen Sie die Kichererbsen ab. Bedecken Sie sie in einem Topf mit frischem Wasser und kochen Sie sie ca. 2 Stunden, bis sie gar sind.

2 Erhitzen Sie die Kokosmilch. Würzen Sie diese mit Salz und Zitronensaft.

3 Entkernen Sie den Kürbis mit einem Löffel und schneiden Sie ihn anschließend in grobe Würfel. Teilen Sie den Blumenkohl in Röschen. Schneiden Sie die Zucchini in ½ cm dicke Scheiben. Geben Sie Kürbis, Blumenkohl und Zucchini in die Kokosmilch und lassen Sie alles 10 Minuten köcheln.

Blumenkohlcurry mit Tofu

Zubereitungszeit: 45 Minuten

Nährwerte für 1 Portion

300 Kalorien	19 g Kohlenhydrate
18 g Proteine	17 g Fett

Zutaten für 2 Portionen

½ Blumenkohl (ca. 370 g)
½ Zwiebel
1 Knoblauchzehe
1 kleine rote Chilischote
1 EL Kokosöl
Salz
1 EL Currypulver
½ TL Kurkuma
250 ml Gemüsebrühe
125 g Zuckerschoten
1 Packung Tofu (200 g)
1–2 EL Zitronensaft
1 EL Kokosflocken

Zubereitung

1 Teilen Sie den Blumenkohl in Röschen und schneiden Sie den Strunk in kleine Würfel. Ziehen Sie Zwiebel und Knoblauchzehen ab und hacken Sie sie sehr fein. Waschen und schneiden Sie die Chilischoten längs auf und kratzen Sie die Kerne heraus. Würfeln Sie die Chilis fein.

2 Erhitzen Sie Öl in einem Topf und braten Sie Zwiebeln, Knoblauch, Chili, Salz, Curry und Kurkuma darin 3 Minuten an. Löschen Sie das Ganze mit der Brühe ab, bringen Sie sie zum Kochen, geben Sie den Blumenkohl zu und garen Sie alles zugedeckt bei sanfter Hitze 15 Minuten.

3 Waschen und tropfen Sie die Zuckerschoten ab, falls Fäden vorhanden sind, ziehen Sie diese ab. Schneiden Sie den Tofu in etwa 3 cm lange, dünne Streifen. Geben Sie die Zuckerschoten und den Tofu 3 Minuten vor Ende der Garzeit zum Blumenkohl. Schmecken Sie das Curry mit Zitronensaft ab und bestreuen es vor dem Servieren mit Kokosflocken.

AUFSTRICHE UND DIPS

AUFSTRICHE

Fruchtige Avocadocreme

Zubereitungszeit: 10 Minuten

Nährwerte für 1 Portion

410 Kalorien	8 g Kohlenhydrate
3 g Proteine	40 g Fett

Zutaten für 2 Portionen

2 Avocados (ca. 320 g Fruchtfleisch)
4 EL Olivenöl
Saft von 1 Mandarine
Salz

Zubereitung

1 Halbieren und entsteinen Sie die Avocados und kratzen Sie anschließend das Fruchtfleisch heraus.

2 Geben Sie das Fruchtfleisch mit Olivenöl, Mandarinensaft und Salz in eine kleine Schüssel und zerdrücken Sie alles mit einer Gabel zu einer groben Paste.

Auberginencreme Baba Ganoush

Zubereitungszeit: 30 Minuten

Nährwerte für 1 Portion

365 Kalorien	15 g Kohlenhydrate
10 g Proteine	30 g Fett

Zutaten für 2 Portionen

2 Auberginen (ca. 360 g)
2 Knoblauchzehen
Saft von ½ Zitrone
6 EL Sesampaste (Tahini)
Salz
2–4 EL Olivenöl
2 Stängel Petersilie

Zubereitung

1 Heizen Sie den Backofengrill vor.

2 Grillen Sie die Auberginen im Ganzen ca. 15 Minuten. Wenden Sie sie dabei so lange, bis die Haut schwarz wird und Blasen wirft. Dann schrecken Sie die Auberginen unter kaltem Wasser ab und ziehen die Haut ab.

3 Pürieren Sie die Auberginen mit Knoblauch, Zitronensaft und Tahini, schmecken Sie die Creme mit Salz ab und rühren Sie das Olivenöl unter. Geben Sie die Creme in eine kleine Schüssel und streuen Sie gehackte Petersilie darüber.

Schwarze Olivenpaste

Zubereitungszeit: 10 Minuten

Nährwerte für 1 Portion à 50 ml

151 Kalorien	0,5 g Kohlenhydrate
0,5 g Proteine	16 g Fett

Zutaten für 350 ml (7 Portionen à 50 ml)

- 400 g schwarze Oliven (entsteint)
- 2 Knoblauchzehen
- 2 EL eingelegte Kapern
- 2 TL gehackter Thymian
- 2 TL Dijonsenf
- 1 EL Zitronensaft
- 60 ml Olivenöl
- 1 EL Weinbrand (nach Belieben)
- Salz, Pfeffer

Außerdem

- Schraubglas (400 ml)

Zubereitung

1 Pürieren Sie Oliven, Knoblauch, Kapern, Thymian, Dijonsenf, Zitronensaft, 50 ml Olivenöl und Weinbrand zu einer glatten Paste. Schmecken Sie die Paste mit Salz und Pfeffer ab. Füllen Sie die Paste anschließend in ein sterilisiertes Schraubglas, bedecken Sie es mit einer Schicht Olivenöl (ca. 10 ml) und verschließen Sie das Glas.

2 Die Olivenpaste hält sich im Kühlschrank drei Monate.

Grüne Olivencreme

Zubereitungszeit: 10 Minuten

Nährwerte für 1 Portion

73 Kalorien	1 g Kohlenhydrate
1 g Proteine	8 g Fett

Zutaten für 2 Portionen

- ½ EL kleine Kapern
- 15 g grüne Oliven ohne Stein
- ½ EL Kürbiskerne
- ½ EL Olivenöl
- ½ TL Kürbiskernöl
- 1 EL Soja Cuisine
- ½ EL Zitronensaft
- 1 Stängel Petersilie
- Salz, Pfeffer

Zubereitung

1 Tropfen Sie die Kapern ab und pürieren sie mit Oliven, Kürbiskernen, Olivenöl, Kürbiskernöl, Soja Cuisine und Zitronensaft. Heben Sie zum Schluss gehackte Petersilie unter und würzen Sie mit Salz und Pfeffer.

2 Der Aufstrich hält sich im Kühlschrank fünf bis sechs Tage.

Austernpilzaufstrich

Zubereitungszeit: 15 Minuten

Nährwerte für 1 Portion

790 Kalorien	9 g Kohlenhydrate
16 g Proteine	78 g Fett

Zutaten für 1 Portion

- 260 g Austernpilze
- 3–4 EL Olivenöl
- 40 g vegane Margarine
- Salz
- 1 Zweig Rosmarin
- 20 g Hefeflocken

Zubereitung

1 Putzen Sie die Austernpilze. Erhitzen Sie Olivenöl und Margarine in einem Topf und braten Sie die Pilze darin knusprig an. Pürieren Sie die Pilze grob, salzen Sie die Masse und nehmen Sie den Topf vom Herd. Würzen Sie mit Rosmarinblättern und binden Sie den Aufstrich mit den Hefeflocken ab.

2 Lassen Sie den Aufstrich auskühlen und lagern Sie ihn bis zum Bestreichen im Kühlschrank.

Tofuaufstrich

Zubereitungszeit: 10 Minuten

Nährwerte für 1 Portion

87 Kalorien	1 g Kohlenhydrate
6 g Proteine	7 g Fett

Zutaten für 2 Portionen

- 75 g fester Tofu
- 1 EL Sojadrink natur
- 1 EL Ajvar (scharfe Paprikapaste)
- ½ EL Olivenöl
- ½–1 EL Rotweinessig
- ½ TL Rosenpaprika
- Salz, Pfeffer

Zubereitung

1 Schneiden Sie den Tofu klein und pürieren ihn zusammen mit dem Sojadrink, Ajvar und Olivenöl fein. Würzen Sie den Aufstrich mit Rotweinessig, rosenscharfem Paprikapulver, Salz und Pfeffer.

2 Der Aufstrich hält sich im Kühlschrank bis zu fünf Tage.

Spinatcreme

Zubereitungszeit: 15 Minuten

Nährwerte für 1 Portion à 50 ml

119 Kalorien
2 g Kohlenhydrate
4 g Proteine
10 g Fett

Zutaten für 375 ml (7 Portionen à ca. 50 ml)

400 g Blattspinat
30 g Kokosöl
½ TL gemahlener Koriander
1 Prise Cayennepfeffer
2 Frühlingszwiebeln
1 Knoblauchzehe
50 g abgezogene Mandeln
2 TL Weißweinessig
125 g Soja Cuisine
Salz, Pfeffer

Zubereitung

1 Lassen Sie den gewaschenen Blattspinat tropfnass in einem geschlossenen Topf bei starker Hitze zusammenfallen. Tropfen Sie den Spinat mit einem Sieb ab und fangen Sie dabei 60 ml von der Garflüssigkeit auf. Lassen Sie den Spinat abkühlen und drücken Sie die überschüssige Flüssigkeit heraus.

2 Erhitzen Sie nun das Kokosöl in einem Topf, fügen Sie Koriander, Cayennepfeffer, in Ringe geschnittene Frühlingszwiebeln, Knoblauch und Mandeln hinzu und braten Sie alles, bis die Frühlingszwiebeln weich sind. Lassen Sie das Ganze abkühlen.

3 Anschließend pürieren Sie die Gewürz-Mandel-Mischung in einer Schüssel, dann fügen Sie den Spinat hinzu. Pürieren Sie weiter und fügen Sie nach und nach die aufgefangene Garflüssigkeit und den Essig hinzu und rühren Sie die Soja Cuisine unter. Zum Schluss schmecken Sie die Spinatcreme mit Salz und Pfeffer ab.

Schoko-Nuss-Aufstrich

Zubereitungszeit: 20 Minuten

Nährwerte für 1 Portion

240 Kalorien	5 g Kohlenhydrate
5 g Proteine	22 g Fett

Zutaten für 400 g (8 Portionen)

10 g Kakaobutter
250 g Haselnüsse
15 g Erythritpulver
15 g Kakaopulver
½ TL Vanillepulver
1 Prise Salz
100 ml Wasser
20 ml zuckerfreier Sirup
80 ml Soja Cuisine

Außerdem

2 Schraubgläser (200 g)

Zubereitung

1 Lassen Sie die Kakaobutter in einer Schüssel in einem warmen Wasserbad schmelzen und mahlen Sie die Haselnüsse fein. Dann mixen Sie alles zu einer cremigen Paste.

2 Fügen Sie das Erythrit, das Kakaopulver, Vanillepulver, Salz und 100 ml Wasser hinzu und mixen Sie erneut. Verrühren Sie die Nussmasse in einer Schüssel mit dem Sirup und der Soja Cuisine und füllen Sie sie anschließend in zwei Schraubgläser.

3 Die Creme hält im Kühlschrank ungefähr 10 Tage.

Nusscreme

Zubereitungszeit: 10 Minuten

Nährwerte für 1 Portion

285 Kalorien	7 g Kohlenhydrate
7 g Proteine	25 g Fett

Zutaten für 300 g (6 Portionen)

30 g Kakaobutter
130 g Cashewkerne
45 g Haselnüsse
40 g Erythritpuder
20 ml Mandelöl
15 g Mandelmus
15 g Kakaopulver
1 EL Carobpulver
½ TL Vanillepulver
1 Prise Salz

Zubereitung

Zerlassen Sie die Kakaobutter. Danach geben Sie alle Zutaten in den Mixer und verarbeiten alles zu einem feinen Aufstrich.

DIPS

Guacamole

Zubereitungszeit: 10 Minuten

Nährwerte für 1 Portion

210 Kalorien	7 g Kohlenhydrate
3 g Proteine	19 g Fett

Zutaten für 2 Portionen

1 ½ Avocados
Saft von ½ Limette
½ Bund Koriander
½ rote Chilischote
½ rote Zwiebel
Salz

Zubereitung

Pürieren Sie die Avocados mit Limettensaft. Hacken Sie den Koriander und die Zwiebel fein, schneiden Sie die Chilischote in feine Ringe und rühren Sie alles unter. Schmecken Sie die Guacamole mit Salz ab und servieren Sie sie in einer kleinen Schale.

Mandel-„Sour Cream"

Zubereitungszeit: 5 Minuten
Einweichzeit: über Nacht

Nährwerte für 1 Portion

1276 Kalorien	13 g Kohlenhydrate
48 g Proteine	116 g Fett

Zutaten für 1 Portion

200 g Mandeln
4 EL Zitronensaft
1 EL Kokosöl
2 TL Apfelessig
½ TL Salz
200 ml Wasser

Zubereitung

1 Weichen Sie die Mandeln über Nacht ein und tropfen sie anschließend ab. Pürieren Sie die Mandeln mit allen übrigen Zutaten und 200 ml Wasser zunächst bei niedriger Stufe und drehen Sie langsam hoch. Pürieren Sie auf jeder Stufe 2 bis 3 Sekunden, bis das Messer leerdreht. Wiederholen Sie den Vorgang so lange, bis eine sämige Creme entsteht. Sollte die Konsistenz der Creme zu dick sein, geben Sie löffelweise Wasser hinzu. Schmecken Sie die Creme anschließend ab.

2 Die Creme hält sich im Kühlschrank ungefähr fünf Tage.

Tofu-„Sour Creme“

Zubereitungszeit: 10 Minuten
Fermentierzeit: 12 Stunden

Nährwerte für 1 Portion

144 Kalorien	1 g Kohlenhydrate
16 g Proteine	9 g Fett

Zutaten für 1 Portion

- 100 g Tofu
- 3 probiotische Kapseln, z. B. Lactobacillus acidophilus
- Saft von ½ Zitrone (oder 30 ml Wasser)
- Salz

Zubereitung

1 Tropfen Sie den Tofu ab. Öffnen Sie die probiotischen Kapseln und geben Sie das Pulver zum Tofu. Fügen Sie Zitronensaft oder 30 ml Wasser und Salz hinzu und pürieren Sie alles glatt.

2 Lassen Sie die Masse in einem Leinentuch über einem Sieb bei Zimmertemperatur 12 Stunden fermentieren.

Tomatensalsa

Zubereitungszeit: 15 Minuten

Nährwerte für 1 Portion

137 Kalorien	4 g Kohlenhydrate
1 g Proteine	13 g Fett

Zutaten für 2 Portionen

- 6–8 Cocktailtomaten
- ½ rote Zwiebel
- 1 EL frischer Koriander
- 1 TL frischer Schnittlauch
- 1 ½–2 EL Olivenöl
- Schale und Saft von 1 Limette
- 1 Tropfen Süßstoff
- ½ große rote Chilischote
- 1 Knoblauchzehe
- Salz, Pfeffer

Zubereitung

Waschen und vierteln Sie die Cocktailtomaten. Schälen und hacken Sie die Zwiebel. Geben Sie Tomaten und Zwiebel mit gehacktem Koriander, geschnittenem Schnittlauch, Olivenöl, Limettenschale und -saft, Süßstoff, entkernter und fein gehackter Chilischote sowie dem fein geriebenen Knoblauch in eine große Schüssel und vermischen Sie alle Zutaten. Schmecken Sie die Tomatensalsa mit Salz und Pfeffer ab.

Tomatenketchup

Zubereitungszeit: 55 Minuten

Nährwerte für 1 Portion

34 Kalorien	5 g Kohlenhydrate
2 g Proteine	1 g Fett

Zutaten für 300 ml (18 Portionen)

2 kg reife Tomaten
4 Zwiebeln (ca. 300 g)
50 g Ingwer
4 Knoblauchzehen
2 kleine rote Chilischoten
2 Gewürznelken
je 2 TL Fenchel- und Koriandersamen
Salz, Pfeffer
250 ml Rotweinessig
1 Spritzer Süßstoff

Außerdem

Schraubglas (400 ml)

Zubereitung

1 Würfeln Sie die Tomaten und die Zwiebeln. Schälen Sie Ingwer und Knoblauch und hacken Sie beides anschließend fein. Schneiden Sie die Chilischote mit den Kernen in Ringe. Zerstoßen Sie die Gewürze im Mörser grob.

2 Geben Sie alles mit Salz, Pfeffer, Essig und Süßstoff in einen Topf und kochen das Ketchup offen bei schwacher Hitze ca. 30 Minuten. Dann pürieren Sie es und streichen die Masse durch ein Sieb und lassen das Ketchup offen bei mittlerer Hitze 10 Minuten einkochen. Füllen Sie es randvoll in ein Schraubglas und verschließen Sie den Deckel.

3 Das Ketchup hält sich im Kühlschrank drei Monate.

KUCHEN UND DESSERTS

KUCHEN

Mangocremetorte

Zubereitungszeit: 1 Stunden
Backzeit: 30 Minuten
Kühlzeit: mindestens 2 Stunden

Nährwerte für 1 Stück

141 Kalorien	6 g Kohlenhydrate
2 g Proteine	11 g Fett

Zutaten für 1 Torte (12 Stücke)
Für den Teig
6 EL Kokosöl
20 g Kokosmehl
40 g Kokosraspel
1 EL Kakaopulver
1 gestr. TL Backpulver
Einschnee-Ersatz (siehe unten)
1 EL Sojamehl + 2 EL Wasser
40 g Erythrit-Puder
Für den Einschnee-Ersatz
120 ml Kichererbsenwasser
2 g Xanthan
2 g Natron
Salz
Für die Creme
40 g Kokosraspel
150 g Mango
200 g Sojajoghurt, 3,5 % Fett
1 ½ EL Kokosmilch
1 EL Zitronensaft
100 g Soja Cuisine
½ TL Agar-Agar
1 TL Kokoslikör
1 EL Kokosraspel
einige Himbeeren
Außerdem
Springform (18 cm Durchmesser)
Tortenring

Zubereitung

1 Heizen Sie den Backofen auf 175 °C vor. Fetten Sie die Form mit 1 EL Öl ein.

2 Mischen Sie Kokosmehl, Kokosraspel, Kakao- und Backpulver.

3 Stellen Sie „Eischnee" her, schlagen Sie dazu Kichererbsenwasser, Xanthan, Natron und Salz mit dem Rührgerät 2 Minuten auf höchster Stufe.

4 Verrühren Sie Sojamehl mit Wasser und rühren Sie es mit Erythritpuder schaumig. Schlagen Sie das Kokosöl unter. Verrühren Sie es dann mit der Kokosmischung zu einem glatten Teig. Heben Sie den Eischnee unter.

5 Geben Sie nun den Teig in die Form. Backen Sie das Ganze im Ofen auf der mittleren Schiene etwa 30 Minuten. Nehmen Sie den Teig heraus, lösen Sie ihn nach 5 Minuten aus der Form und lassen Sie ihn auskühlen.

6 Geben Sie die Kokosraspel in eine kleine Schüssel und bedecken sie gerade so mit Wasser. Lassen Sie diese 10 Minuten einweichen.

7 Schälen Sie inzwischen die Mango, schneiden Sie das Fruchtfleisch in Stücken vom Stein. Pürieren Sie die Mangostücke mit Sojajoghurt, Kokosmilch und Zitronensaft und geben Sie alles in eine Schüssel. Schlagen Sie die Soja Cuisine steif. Danach rühren Sie die eingeweichten Kokosraspel unter die Joghurtmasse.

8 Kochen Sie das Agar-Agar-Pulver in einem kleinen Topf kurz mit etwas Wasser auf. Rühren Sie dann zügig 2 EL Mangocreme ein und rühren Sie diese Mischung sofort unter die Mangocreme.

9 Umschließen Sie den Kuchen mit einem Tortenring. Beträufeln Sie ihn mit Kokoslikör und verteilen Sie die Mangocreme gleichmäßig darauf. Stellen Sie die Torte für mindestens 2 Stunden abgedeckt in den Kühlschrank. Danach entfernen Sie den Tortenring vorsichtig. Garnieren Sie die Torte mit Kokosraspeln und Himbeeren.

Mandelkuchen

Zubereitungszeit: 45 Minuten
Kühlzeit: mindestens 4 Stunden

Nährwerte für 1 Stück

345 Kalorien	17 g Kohlenhydrate
8 g Proteine	33 g Fett

Zutaten für 12 Stück

Für den Boden
- 250 g Mandeln
- 50 g Kokosöl
- 50 g Chiasamenmehl
- 1 TL Vanillepulver
- 1 Prise Salz
- einige Brombeeren

Für die Füllung
- 50 g eingeweichtes Irish Moss
- 400 ml Mandelmilch
- 40 g eingeweichte Cashewkerne
- 150 g Erythrit
- 1 TL Vanillepulver
- 1 Prise Salz
- 150 ml Kakaobutter

Für die Brombeerswirls
- 3 TL Kakaobutter
- 70 g Brombeeren
- 2 TL Erythrit
- 1 TL Zitronensaft
- ½ TL Vanillepulver
- 1 Prise Salz

Außerdem
- Springform (18 cm Durchmesser)
- Klarsichtfolie

Zubereitung

1 Für den Boden mixen Sie alle Zutaten mit Ausnahme der Brombeeren zu einem homogenen Teig. Fügen Sie Wasser (maximal 120 ml) nach Bedarf hinzu. Legen Sie den Boden der Springform mit Klarsichtfolie aus. Verteilen Sie den Teig gleichmäßig in der Form und drücken Sie ihn mit einem Löffel fest an. Verteilen Sie die Brombeeren darauf und stellen Sie den Kuchenboden in den Kühlschrank, bis die Füllung zubereitet ist.

2 Für die Füllung geben Sie das Irish Moss mit der Mandelmilch in den Mixer und mixen etwa 2 Minuten, bis eine glatte Flüssigkeit entstanden ist. Geben Sie die anderen Zutaten außer der Kakaobutter dazu und mixen alles zu einer Creme. Zerlassen Sie nun die Kakaobutter, fügen Sie sie zu der Creme und mixen Sie alles noch einmal kurz durch. Geben Sie die Masse vorsichtig in die Form auf den Kuchenboden und streichen sie glatt.

3 Für die Brombeerswirls zerlassen Sie zuerst die Kakaobutter und verarbeiten sie dann zusammen mit allen Zutaten im Mixer zu einer homogenen Masse. Verteilen Sie die Brombeermasse in Klecksen auf dem Kuchen. Dann drücken Sie mit einem langen Stäbchen oder einer Gabel etwa 1 cm tief in den Kuchen und bewegen sich mit gleichmäßig kreisenden Bewegungen durch den Kuchen, bis ein schönes Muster entstanden ist.

4 Lassen Sie den Kuchen mindestens 4 Stunden, am besten über Nacht, im Kühlschrank erkalten.

Chiapudding-Himbeer-Torte

Zubereitungszeit: 1 Stunde
Quellzeit: 2 Stunden
Backzeit: 10 Minuten
Auftauzeit: 2 Stunden
Kühlzeit: 2–3 Stunden

Nährwerte für 1 Stück

280 Kalorien	7 g Kohlenhydrate
11 g Proteine	20 g Fett

Zutaten für 12 Stück

200 g Chiasamen
1 EL flüssiger Süßstoff
1 TL gemahlene Vanille
400–500 ml Sojamilch
200 g gemahlene Mandeln
2 EL Sesamsamen
2 EL Kokosöl
300 g TK-Himbeeren
6 Beutel Agar-Agar
1 Packung Soja Cuisine (200 g)
Außerdem
Springform (26 cm Durchmesser)

Zubereitung

1 Heizen Sie den Backofen auf 180 °C vor.

2 Rühren Sie die Chiasamen mit Süßstoff und der Vanille in die Sojamilch ein und lassen Sie alles ca. zwei Stunden stehen, bis eine puddingähnliche Konsistenz entstanden ist. Rühren Sie zwischendurch immer wieder um.

3 In der Zwischenzeit bereiten Sie den Boden zu: Geben Sie die gemahlenen Mandeln und Sesamsamen in eine Pfanne und wärmen Sie beides mit Kokosöl kurz an. Verrühren Sie alles miteinander und geben Sie es in die gefettete Springform. Drücken Sie den Boden leicht an und backen Sie diesen für 10 Minuten.

4 Im Anschluss erwärmen Sie unter Rühren die aufgetauten Himbeeren in einem Topf mit dem Agar-Agar. Lassen Sie die Masse auskühlen.

5 Heben Sie die Soja Cuisine unter den Chiapudding und kochen ihn mit Agar-Agar kurz unter Rühren auf. Geben Sie ihn in die Springform, streichen Sie ihn glatt und stellen ihn für ca. 1 Stunde in den Kühlschrank.

6 Danach geben Sie die ausgekühlten Himbeeren auf den Pudding. Streichen Sie diese glatt und stellen Sie die Torte für weitere ein bis zwei Stunden in den Kühlschrank.

Rhabarbertarte

Zubereitungszeit: 1 Stunde
Kühlzeit: 1 Stunde
Backzeit: 60–70 Minuten

Nährwerte für 1 Stück

304 Kalorien	16 g Kohlenhydrate
6 g Proteine	27 g Fett

Zutaten für 12 Stück

Für den Teig
- 2 TL Johannisbrotkernmehl
- 100 g gemahlene Mandeln
- 100 g Kokosmehl
- 70 g Erythrit
- 1 Prise Salz
- 50 g vegane Margarine
- 50 g Kokosöl
- 2 TL Zitronenschalenabrieb

Für die Rhabarberstreifen
- 5 Stangen Rhabarber
- 1 EL Erythrit

Für die Creme
- 350 g Seidentofu
- 100 g Kokosnusscreme
- 150 g vegane Sourcream
- 70 g Erythrit
- 50 g Kokosöl
- 2 TL Johannisbrotkernmehl
- 1 TL Weinsteinbackpulver
- 1 Vanilleschote
- 75 g Sojajoghurt

Für den Guss
- 4 EL Beeren
- ½ TL Agar-Agar
- 3 EL Wasser

Außerdem
- Tarteform (28 cm Durchmesser)
- Sparschäler
- Feines Sieb

Zubereitung

1 Kneten Sie Johannisbrotkernmehl mit Mandeln und Kokosmehl zu einem Teig. Fetten Sie die Tarteform ein und kleiden Sie die Form mit dem Mürbeteig aus. Dann stechen Sie den Teig mit der Gabel ein paar Mal ein. Stellen Sie die Form für 60 Minuten in den Kühlschrank.

2 Heizen Sie den Backofen auf 170 °C vor und backen Sie den Boden für 15 Minuten. Der Teig soll goldbraun werden. Lassen Sie den Teig dann in der Form abkühlen.

3 Waschen Sie den Rhabarber und schneiden Sie die Enden ab. Lange Stangen halbieren Sie am besten. Ziehen Sie mit dem Sparschäler Streifen ab. Geben Sie diese Steifen in eine Schüssel und mischen Sie sie vorsichtig mit 1 EL Erythrit. Lassen Sie das Ganze abgedeckt ca. 30 Minuten stehen. Ist der Rhabarber weich geworden, seihen Sie die Flüssigkeit ab und fangen sie auf. Stellen Sie die Rhabarberstreifen beiseite.

4 Für die Creme lassen Sie inzwischen den Seidentofu in einem feinen Sieb für ca. 10 Minuten abtropfen. Währenddessen schmelzen Sie die Kokosnusscreme im Wasserbad. Rühren Sie dann alle Zutaten und den aufgefangenen Rhabarbersaft zusammen, geben Sie die Creme auf den vorgebackenen Boden und streichen sie glatt.

5 Heizen Sie den Backofen auf 170 °C vor.

6 Mixen Sie die Beeren zu einem Püree. Kochen Sie Agar-Agar mit Wasser kurz auf und rühren Sie das Beerenpüree zügig ein. Stellen Sie es dann zur Seite. Legen Sie die Rhabarberstreifen kreisrund in die Form. Kennzeichnen Sie die Mitte, damit ein Kreis entsteht. Als Letztes geben Sie den Geleeguss oben auf und verteilen ihn mit dem Backpinsel.

7 Backen Sie die Tarte 45 bis 55 Minuten und lassen Sie sie in der Form komplett auskühlen.

Quarktorte

Zubereitungszeit: 40 Minuten
Kühlzeit: 2–3 Stunden

Nährwerte für 1 Stück

140 Kalorien	2 g Kohlenhydrate
6 g Proteine	12 g Fett

Zutaten für 12 Stück

Für den Boden

- 6 EL Kokosfett
- 10 g flüssigen Süßstoff
- ½ Fläschchen Rumaroma
- 10 g Kakaopulver
- 50 g ungeschälte und gemahlene Mandeln

Für die Creme

- 200 g schlagbare Pflanzencreme
- 10 g flüssiger Süßstoff
- 500 g Sojaquark
- 20 g veganes Eiweißpulver „Vanille"
- 1 Fläschchen Buttervanillearoma
- ½ Fläschchen Rumaroma
- 1 Beutel Agar-Agar (30 g) + 50 ml Wasser

Außerdem

- Alufolie
- Springform (17 cm Durchmesser)

Zubereitung

1 Für den Boden schmelzen Sie 5 EL Kokosfett in einem kleinen Topf bei mittlerer Hitze und rühren den Süßstoff, Rumaroma, Kakao sowie die gemahlenen Mandeln ein. Geben Sie die Masse in eine mit Alufolie ausgelegte Springform und streichen Sie sie glatt. Stellen Sie die Form kurz in den Gefrierschrank.

2 Währenddessen schlagen Sie die Pflanzencreme mit 5 g Süßstoff steif. In einer anderen Schüssel verrühren Sie den Sojaquark mit 5 g Süßstoff, Eiweißpulver und Aromen, bis eine homogene Masse entstanden ist.

3 Kochen Sie das Agar-Agar mit 50 ml Wasser auf (siehe Packungsbeilage). Geben Sie unter Rühren zuerst etwas Sahne und dann einen Teil der Quarkmasse hinzu. Achten Sie darauf, dass keine Klümpchen entstehen. Rühren Sie das Ganze schnell in den restlichen Quark ein. Zuletzt ziehen Sie die geschlagene Sahne unter.

4 Nehmen Sie die Springform aus dem Gefrierschrank, öffnen Sie diese, ziehen Sie die Alufolie vom Boden ab und legen Sie den Boden ohne Alufolie wieder in die Form. Verstreichen Sie die Quarkmasse gleichmäßig auf dem Boden. Lassen Sie die Torte im Kühlschrank 2 bis 3 Stunden fest werden.

DESSERTS

Rhabarbercrumble

Zubereitungszeit: 15 Minuten
Backzeit: 20–25 Minuten

Nährwerte für 1 Portion

585 Kalorien	7 g Kohlenhydrate
9 g Proteine	56 g Fett

Zutaten für 2 Portionen

500 g Rhabarber
125 g vegane Margarine
125 g Erythrit
1 Prise gemahlene Vanille
1 Prise Salz
60 g Kokosmehl
Außerdem
Alufolie

Zubereitung

1 Schälen Sie den Rhabarber und schneiden Sie ihn in 1 bis 2 cm große Stücke. Heizen Sie den Ofen auf 160 °C vor.

2 Schmelzen Sie die Margarine in einem Topf. Rühren Sie Erythrit, Vanille, Salz und schließlich das Kokosmehl ein.

3 Verteilen Sie den Rhabarber flach in einer großen gefetteten Auflaufform. Damit er weich wird, ist es wichtig, dass die Rhabarberschicht wirklich nur dünn ist. Verteilen Sie dann die Teigmasse als Streusel auf dem Rhabarber. Das Ganze backen Sie für 20 bis 25 Minuten. Sobald einige Streusel dunkler werden, decken Sie den Crumble mit einem Stück Alufolie ab.

4 Sie können den Crumble warm oder kalt genießen.

Beerencreme

Zubereitungszeit: 10 Minuten

Nährwerte für 1 Portion

350 Kalorien	22 g Kohlenhydrate
3 g Proteine	26 g Fett

Zutaten für 2 Portionen

½ gefrorene Mango (ca. 250 g)
300 g gemischte Beeren
125 g Kokosmilch
1 EL Mandelmus
1 TL Acai-Beerenpulver
2 EL Kokosöl
Zum Garnieren
1 Handvoll Beeren

Zubereitung

Pürieren Sie die Zutaten in einem hohen Gefäß mit dem Pürierstab zu einem Brei. Servieren Sie die Creme nach Belieben mit Beeren garniert.

Mango auf Kokoscreme

Zubereitungszeit: 20 Minuten

Nährwerte für 1 Portion

237 Kalorien	17 g Kohlenhydrate
5 g Proteine	15 g Fett

Zutaten für 2 Portionen

- ½ reife Mango (ca. 250 g)
- 100 g Sojajoghurt natur
- 2 EL Kokosmilch
- ½ EL zuckerfreier Sirup
- 5 Cashewnüsse
- 3 Tropfen Vanillearoma
- 100 g Seidentofu
- 2 EL Kokosöl

Zubereitung

1 Schälen Sie die Mango, schneiden Sie das Fruchtfleisch rund um den Stein ab und schneiden Sie es in gleichmäßige Scheiben. Pürieren Sie das Fruchtfleisch grob und stellen es beiseite.

2 Verrühren Sie nun den Sojajoghurt mit dem Seidentofu, der Kokosmilch und dem Sirup zu einer glatten Masse und verteilen Sie das Mangofruchtfleisch auf der Creme.

3 Hacken Sie die Cashewkerne, geben Sie diese in eine Pfanne und rösten Sie sie mit dem Vanillearoma in Kokosöl unter Rühren goldbraun. Streuen Sie die Nüsse über das Dessert.

Chiapudding mit Brombeeren

Zubereitungszeit: 20 Minuten
Abkühlzeit: über Nacht

Nährwerte für 1 Portion

275 Kalorien	5 g Kohlenhydrate
7 g Proteine	20 g Fett

Zutaten für 2 Portionen

- 300 g Brombeeren
- 240 ml Mandelmilch natur
- 2 EL Kokosöl
- 5 EL Chiasamen
- 1 Msp. Vanillepulver

Zubereitung

1 Waschen Sie die Brombeeren, legen Sie einige beiseite und pürieren Sie die restlichen. Geben Sie Mandelmilch, flüssiges Kokosöl und Chiasamen dazu und mengen Sie alles zusammen mit der Vanille unter. Lassen Sie den Pudding ca. 10 Minuten quellen.

2 Geben Sie in zwei Gläser eine Schicht Chiapudding und pürierte Brombeeren. Stellen Sie den Pudding zum Festwerden über Nacht in den Kühlschrank. Servieren Sie ihn mit Brombeeren garniert.

Chiapudding mit Kardamom

Zubereitungszeit: 25 Minuten
Ziehzeit: mindestens 12 Stunden

Nährwerte für 1 Portion

273 Kalorien	8 g Kohlenhydrate
5 g Proteine	21 g Fett

Zutaten für 2 Portionen

½ Vanilleschote
125 ml Kokosmilch
3 grüne Kardamomkapseln
2 EL Chiasamen
1 TL Erythrit
5 Tropfen flüssiger Süßstoff
125 g Himbeeren
2 EL Rosenwasser
2 EL gehackte Pistazien

Zubereitung

1 Geben Sie das Vanillemark mit der ausgekratzten Schote in die Kokosmilch. Schlagen Sie die Kardamomkapseln mit einem schweren Messer oder Ähnlichem auf und geben Sie sie ebenfalls in die Kokosmilch. Rühren Sie die Chiasamen (am besten gemahlen), Erythrit und 5 Tropfen Süßstoff ein, lassen Sie das Ganze 5 Minuten stehen und rühren Sie es dann noch einmal durch, damit die Chiasamen nicht klumpen. Lassen Sie die Masse in einem verschlossenen Gefäß im Kühlschrank mindestens 12 Stunden ziehen – besser sind 24 Stunden.

2 Vor dem Servieren lassen Sie die Himbeeren in Rosenwasser ziehen. Zum Servieren fischen Sie Vanilleschote und zerquetschte Kardamomkapseln aus dem Pudding, verteilen diesen auf zwei Gläser und streuen jeweils einige der gehackten Pistazien darüber. Geben Sie die Himbeeren samt Saft darüber und bestreuen Sie den Pudding mit den restlichen Pistazien.

Schokoladeneis

Zubereitungszeit: 10 Minuten
Zeit in der Eismaschine

Nährwerte für 1 Portion

98 Kalorien	2 g Kohlenhydrate
4 g Proteine	8 g Fett

Zutaten für etwa 400 g (4 Portionen)

30 g Cashewkerne
325 ml Mandelmilch
50 g Erythrit
1 ½ EL Kakaopulver
1 g Vanillepulver
1 EL Kakaonibs
Außerdem
Eismaschine

Zubereitung

1 Verarbeiten Sie alle Zutaten im Mixer zu einer feinen Masse. Fügen Sie die Kakaonibs hinzu, dann füllen Sie die Eismasse in die Eismaschine.

2 Stellen Sie das Eis nach Bedienungsanleitung her, bis Sie die gewünschte Festigkeit und Kühlung erreicht haben.

Erdnussbutter-Toffee

Zubereitungszeit: 20 Minuten

Nährwerte für 1 Toffee

300 Kalorien	4 g Kohlenhydrate
19 g Proteine	23 g Fett

Zutaten für 10 Stücke

150 g Kokosöl
150 g Erdnussbutter
60 g Käseersatz (Schmelzkäse)
250 g Erythrit
180 g veganes Proteinpulver
1 TL Vanilleextrakt
Außerdem
Backform (18 x 24 cm)

Zubereitung

1 Bringen Sie das Kokosöl und die Erdnussbutter in einem kleinen Kochtopf bei niedriger Hitze unter ständigem Umrühren zum Schmelzen. Danach rühren Sie den Käseersatz ein, bis eine weiche Masse entstanden ist. Fügen Sie nun das Erythrit und dann das Proteinpulver und den Vanilleextrakt dazu. Vermischen Sie alles und geben Sie die Masse in eine Backform.

2 Sobald das Toffee abgekühlt ist, sollten Sie es im Kühlschrank aufbewahren. Das Toffee ergibt ungefähr 10 Stücke.

GETRÄNKE

Zitronengras-Eistee

Zubereitungszeit: 15 Minuten
Kühlzeit: über Nacht

Nährwerte für 1 Portion

107 Kalorien	2 g Kohlenhydrate
1 g Proteine	0 g Fett

Zutaten für 2 Gläser

- 4 Stängel Zitronengras
- 100 ml Zitronensaft
- ½ Bund Minze
- 2 EL zuckerfreier Sirup
- Eiswürfel

Zubereitung

1 Waschen Sie die Zitronengrasstängel gut und geben Sie sie mit 1 Liter Wasser in den Mixer und zerkleinern Sie sie. Vermengen Sie die Flüssigkeit mit Zitronensaft, Minze und den restlichen Zutaten und stellen Sie sie über Nacht in den Kühlschrank.

2 Am nächsten Tag gießen Sie den Eistee durch ein Sieb ab, waschen die Minze ab und geben sie wieder in den Tee. Servieren Sie den Kaltauszug mit Eiswürfeln.

Vanille-Eistee

Zubereitungszeit: 30 Minuten

Nährwerte für 1 Portion

37 Kalorien	2 g Kohlenhydrate
2 g Proteine	0 g Fett

Zutaten für 2 Gläser

- 1 Vanilleschote
- 12 g dunkler Grüntee
- 3 EL Erythrit
- Saft von ½ Zitrone
- Eiswürfel

Zubereitung

1 Bringen Sie 1 Liter Wasser mit der Vanilleschote zum Kochen, nehmen Sie den Topf vom Herd und lassen Sie das Wasser 5 Minuten abkühlen. Dann geben Sie den Grüntee zu, lassen ihn 3 Minuten ziehen und gießen ihn anschließend durch ein Sieb ab.

2 Spülen Sie die Vanilleschote kurz ab, halbieren Sie sie der Länge nach, kratzen Sie das Mark heraus und geben es in den Tee. Anschließend geben Sie das Erythrit und den Zitronensaft dazu, pürieren alles einmal kurz durch und stellen es kalt. Servieren Sie den Eistee mit Eiswürfeln.

Avocado-Smoothie

Zubereitungszeit: 5 Minuten

Nährwerte für 1 Portion

88 Kalorien	6 g Kohlenhydrate
2 g Proteine	5 g Fett

Zutaten für 2 Gläser

- ¼ Avocado (ca. 50 g)
- ½ Zitrone
- ½ Handvoll Babyspinat
- 2 Stangen Staudensellerie (ca. 60 g)
- 250 ml Wasser

Zubereitung

Kratzen Sie das Fruchtfleisch aus der Avocado, schälen Sie die Zitrone, putzen Sie den Staudensellerie und schneiden Sie ihn in größere Stücke. Nun mixen Sie alle Zutaten im Mixer zu einem cremigen Smoothie.

Erdbeer-Rhabarber-Milchshake

Zubereitungszeit: 10 Minuten

Nährwerte für 1 Portion

127 Kalorien	5 g Kohlenhydrate
1 g Proteine	10 g Fett

Zutaten für 2 Gläser

- 50 g Rhabarber
- 125 g Erdbeeren
- 2 EL Kokosöl
- 1 TL gemahlene Vanille
- 1 TL Chiasamen
- 8 Tropfen Flavdrops Erdbeere

Zubereitung

Schälen Sie den Rhabarber und schneiden ihn in grobe Stücke. Bringen Sie etwas Wasser zum Kochen und blanchieren Sie den Rhabarber 3 bis 5 Minuten. Heben Sie ihn mit einem Schaumlöffel aus dem Wasser und geben Sie ihn mit den übrigen Zutaten in den Mixer. Mixen Sie nun alle Zutaten, bis ein cremiger Shake entsteht.

Keto-Smoothie

Zubereitungszeit: 5 Minuten

Nährwerte für 1 Portion

480 Kalorien	8 g Kohlenhydrate
5 g Proteine	48 g Fett

Zutaten für 1 Glas

- ½ Avocado (ca. 100 g)
- 1 Handvoll Blattspinat
- 125 ml Kokosmilch
- 125 ml Wasser
- 1 TL Vanilleextrakt
- 1 EL Kokosöl

Zubereitung

Kratzen Sie das Fruchtfleisch aus der Avocado, waschen Sie den Spinat, schütteln ihn trocken und mixen Sie alle Zutaten zu einem cremigen Smoothie.

Eiweiß-Shake

Zubereitungszeit: 5 Minuten

Nährwerte für 1 Portion

300 Kalorien	4 g Kohlenhydrate
37 g Proteine	13 g Fett

Zutaten für 1 Glas

- 100 ml Sojadrink natur
- 200 g Sojaquark natur
- 25 g veganes Eiweißpulver Vanille
- 1 TL Erdnussmus

Zubereitung

Mixen Sie alle Zutaten, bis ein cremiger Shake entsteht.

Bulletproof Coffee

Zubereitungszeit: 10 Minuten

Nährwerte für 1 Portion

200 Kalorien	1 g Kohlenhydrate
1 g Proteine	21 g Fett

Zutaten für 1 Tasse

1 Tasse Kaffee
2 EL MCT-Öl
½ EL Sojasahne
¼ TL gemahlene Vanille
¼ TL Zimt

Zubereitung

Brühen Sie den Kaffee auf. Füllen Sie nun alle Zutaten in eine große Tasse und mischen sie gut.

Bulletproof Frappuccino

Zubereitungszeit: 10 Minuten

Nährwerte für 1 Portion

315 Kalorien	7 g Kohlenhydrate
3 g Proteine	31 g Fett

Zutaten für 2 Gläser

50 g Kokoscreme
5 Eiswürfel
½ EL Kokosöl
200 ml Kaffee oder Espresso
200 ml Kokosmilch
1 Spritzer flüssiger Süßstoff
1 Rippe dunkle Schokolade (> 90 %)

Zubereitung

Mixen Sie alle Zutaten im Mixer zu einem Frappuccino.

Coffee Mocha

Zubereitungszeit: 5 Minuten

Nährwerte für 1 Portion

180 Kalorien	1 g Kohlenhydrate
1 g Proteine	19 g Fett

Zutaten für 1 Tasse

1 Tasse Kaffee
2 EL Kokosöl
½ TL Leinmehl
1 Prise Vanille
1 Prise Zimt
1 ½ Tropfen Flavdrops Mocha

Zubereitung

Brühen Sie den Kaffee auf. Geben Sie dann alle Zutaten in einen Mixer und mixen sie, bis eine Schaumkrone entsteht.

Literaturverzeichnis

Adler, M. & Anemüller, H. (1997). Über Verträglichkeit und Auswirkungen neuer mit essentiellen Fettsäuren angereicherten MCT-Diätfetten einschließlich der Ergebnisse einer Pilotstudie. ZÄN, 38(3).

AG, L. (Hrsg.). (2020) Eikosanoide. Abgerufen am 12.05.2020 unter https://www.chemie.de/lexikon/Eikosanoide.html

Ahmed, A. S., Elggharabawy, R. M. & Al-Naiiar, A. H. (2017). Ameliorating effect of anti-Alzheimer's drugs on the bidirectional association between type 2 diabetes mellitus and Alzheimer's disease. Exp. Biol. Med.

Altenberg, B. & Greulich, K.O. (2004). Genes of glycolysis are ubiquitously overexpressed in 24 cancer classes. Genomics, 84, 1014–20.

Bassenge, E., V. E. Wendt, P. Schollmeyer, G. Blümchen, S. Gudbjarnason, and R. J. Bing: The effect of ketone bodies on cardiac metabolism. Amer. J. Physiol.

Baumeister, F. A. M. (2004). Ketogene Diät – Ernährung als Therapiestrategie. SPS-Verlagsgesellschaft, Heilbronn.

Bernhauser, I. (2018). Ernährung bei Herz-Kreislauf-Erkrankungen. Abgerufen am 16.06.2020 unter https://ecodemy.de/magazin/arteriosklerose-ernaehrung-arteriosklerose-rueckgaengig-machen/

Berufsverband Deutscher Internisten e.V. (2020). Herz-Kreislauf-Erkrankungen. Abgerufen am 16.06.2020 unter https://www.internisten-im-netz.de/fachgebiete/herz-kreislauf/herz-kreislauf-erkrankungen.html

Blixenkrone-Møller, N. (1938). Über den Abbau von Ketonkörpern. Hoppe-Seylers Z. physiol. Chem., 253 + 261.

Bohlmann, R. (2019). Ketogene Ernährung – Energie für Muskeln und Gehirn. Abgerufen am 13. Mai 2020 unter Ketose – Natürlich und Gesund: https://ralfbohlmann.com/ketose/

Breitenberger, M. (2020). PCO-Syndrom: Ursachen, Symptome und Behandlung in München. Abgerufen am 11.05.2020 unter https://www.praxis-breitenberger.de/medizinische-beratung/pco-syndrom/

Bruker, M. et al. (2011). Zuckerkrank durch Fabrikzucker (9. Aufl.). Emu Verlag.

Bunner, A., Agarwal, U., Gonzales, J., Valente, F., & Barnard, N. (2014). Nutrition intervention for migraine: a randomized crossover trial. The Journal of Headache and Pain.

Cahill, G. F. & Veech, R. L. (2003). Ketoacids Good Medicine. Trans Am Clin Climatol Assoc.

Cherbuin, N. et al. (2012). The Path Study. Abgerufen am 10.05.2020 unter https://www.ncbi.nlm.nih.gov/pubmed/22946113

Coy, J. F., Franz, M. (2009). Die neue Anti-Krebs-Ernährung – Wie Sie das Krebs-Gen stoppen. Gräfe und Unzer.

Crane, P. K., Walker, R., Hubbard, R. A., Li, G., Nathan, D. M., Zheng, H. & et al. (2013). Glukose levels and risk of dementia. N. Engl. J. Med.

Cunnane, S. C., Courchesne-Loyer, A., St-Pierre, V., Vandenberghe, C., Pierotti, T., Fortier, M. et al. (2016). Can ketones compensate for deteriorating brain glucose uptake during aging? Implications for the risk and treatment of Alzheimer's disease. Ann. N Y Acad. Sci.

Dandekar, T., Schuster, S., Snel, B., Huynen, M. & Bork, P. (1999). Pathway alignment: application to the comparative analysis of glycolytic enzymes. Biochem.

Davey, G.K., Spencer, E.A., Appleby, P.N., Allen, N.E., Knox, K.H. & Key, T.J. (2003). EPIC-Oxford: lifestyle characteristics and nutrient intakes in a cohort of 33 883 meat-eaters and 31 546 non meat-eaters in the UK. Public Health Nutr 6.

de la Monte, Suzanne M., Jack, R. Wands: Alzheimer's Disease Is Type 3 Diabetes–Evidence Reviewed. In: Journal of diabetes science and technology (Online). Band 2, Nr. 6, 3. Dezember 2016, Seite 1101–1113.

DeBerardinis, R.J.: Is cancer a disease of abnormal cellular metabolism? New angles on an old idea. Genet Med 2008; 10: 767–77.

Deriemaeker, P., Alewaeters, K., Hebbelinck, M., Lefevre, J., Philippaerts, R. & Clarys, P. (2010). Nutritional Status of Flemish Vegetarians Compared with Non-Vegetarians: A Matched Samples Study. Nutrients 2.

Desai, A. P. et al.: Evidence for medium chain triglycerides in the treatment of primary intestinal lymphangiectasia. In: Eur. J. Pediatr. Surg. 19(4), 2009, Seite 241–245.

Deutsche Gesellschaft für Ernährung (DGE), Österreichische Gesellschaft für Ernährung (ÖGE), Schweizerische Gesellschaft für Ernährung (SGE). (2016). Referenzwerte für die Nährstoffzufuhr (2. Auflage, 2. aktualisierte Ausgabe).

Fachgesellschaft für Ernährungstherapie und Prävention (FET) e.V. (2020). Insulinresistenz – Krankheitsbild und Klinik. Abgerufen am 30.04.2020 unter https://fet-ev.eu/insulinresistenz-krankheitsbild/

Fachgesellschaft für Ernährungstherapie und Prävention (FET) e.V. (2015). Ernährungstherapie bei Arteriosklerose. Abgerufen am 23.06.2020 unter https://fet-ev.eu/arteriosklerose-ernaehrungstherapie/

Faller, A., & Schünke, M. (2016). Der Körper des Menschen: Einführung in Bau und Funktion. Stuttgart: Georg Thieme Verlag KG.

Feinman, R. D., Pogozelski, W. K., Astrup, A., Bernstein, R. K., Fine, E. J., Westman, E. C. et al. (2015). Dietary carbohydrate restriction as the first approach in diabetes management: critical review and evidence base. Nutrition (31), 1, 1–13.

Felts, P. W., O. B. Crofford, and C. R. Park: Effect of infused ketone bodies on glucose utilisation in the perfused dog. J. clin. Invest.43, 638, 1964.

FET e.V. – Fachgesellschaft für Ernährungstherapie und Prävention. (2018). Ketonkörper. Abgerufen am 21.08.2018 unter https://fet-ev.eu/diagnostik/ketonkoerper/

Framingham Heart Study, http://www.framingham.com/heart/, 23.08.2018.

Franz, W. (2018). UGB-Forum 4/02. Abgerufen am 21.08.2018 unter https://www.ugb.de/lebensmittel-im-test/mct-fette-oele-margarine/

Freeman, J. M., Freeman, J. B. & Kelly, M. T. (2000). The ketogenic diet. A treatment for epilepsy (3. Aufl.). Demos, New York.

Friedemann, T. E.: The ratio of β-hydroxybutyric acid to acetoacetic acid in the blood and urin. J. biol. Chem.142, 635, 1942

Fronzo, R. & Ferrannini, E. (2001). Regulation of Intermediary Metabolism During Fasting and feeding. DeGroot LJ,Jameson JL. Endocrinology (6. Aufl.). Philadelphia: W.B. Saunders.

Fukao, T., Lopaschuk, G. D. & Mitchell, G. A. (2004). Pathways and Control of Ketone Body Metabolism on the Fringe of Lipid Biochemistry. Prostaglandins Leukot Essent Fatty Acids.

Fux, V. & Pfeifer, D. (2016). Keto Info: Glutenfrei. Sojafrei. Wissen! Books on Demand.

Galvin, R. D., Harris, J. A. & Johnson, R- E. (1968). Urinary Excretion of Beta-Hydroxybutyrate and Acetoacetate during Experimental Ketosis. Experimental Physiology 53.

Genexpression und Transkription. (2018). Abgerufen am 12.05.2020 unter https://www.amboss.com/de/wissen/Genexpression_und_Transkription

Geoffrey, Z. (1999). Biochemie. Mcgraw-Hill Professional (4. Aufl.).

Georg Thieme Verlag KG. (2019). Insulin. Abgerufen am 27.04.2020 unter https://viamedici.thieme.de/lernmodule/biochemie/insulin

Gillingham, M. B. et al.: Optimal dietary therapy of long-chain 3-hydroxylacyl-CoA dehydrogenase deficiency. In: Mol. Genet. Metab. 79(2), 2003, Seite 114–123.

Gonder, U., Tulipan, J., Lommel, M. & Karner, B. (2018). Der Keto-Kompass. München: Systemed Verlag im riva Verlag.

Górska, R., Dembowska, E., Konopka, T. P., Wysonkińska-Miszczuk, J., Pietruska, M. & Ganowicz, E. (2017). Correlation between the state of periodontal tissues and selected risk factors for periodontitis and myocardial infarction. Adv. Clin. Exp. Med.

Gross, E. (2017). Migräne und Energiekrisen im Gehirn. So hilft dir die Ketogene Ernährung. Abgerufen am 12.05.2020 unter https://castbox.fm/episode/Migr%C3%A4ne-und-Energiekrisen-im-Gehirn.-So-hilft-dir-die-Ketogene-Ern%C3%A4hrung---Interview-mit-Elena-Gross-id2125204-id153622785?utm_campaign=a_share_ep&utm_medium=dlink&utm_source=a_share&country=de

Grube, A. (2006). Vegane Lebensstile (2. Aufl.) Ibidem.

Gudbjarnason, S., Bing, R. J.: The redoxpotential of the lactate-pyruvate system in blood as an indicator of the functional state of cellular oxidation. Biochim. biophys. Acta (Amst.) 60, 158, 1962.

Hadžiomerovic, D. (2006). Polyzystisches Ovarialsyndrom. Journal für Menopause, 19–22.

Harden A., W. J. Young: The Alcoholic Ferment of Yeast-Juice. Part III.-The Function of Phosphates in the Fermentation of Glukose by Yeast-Juice. In: Proc. R. Soc. Lond. B80(540), 1908, Seite 405–420.

Harden, A., Young, W. J.: The Alcoholic Ferment of Yeast-Juice. In: Proc. R. Soc. Lond. B 77(519), 1906, Seite 405–420

Harding, A., Robinson, S., Crean, S. & Singhrao, S. K. (2017). Can better management of periodontal disease delay the onset and progression of Alzheimer's disease? J. Alzheimers Dis.

Haufe, K. (2018). Die Bedeutung des Hormons Leptin und Refeed-Phasen während einer Diät. Abgerufen am 20.05.2020 unter https://www.ernaehrung-bewegung-muenchen.de/blog/

Heldt, Hans W., Piechulla, Birgit: Pflanzenbiochemie. 4. Auflage. Spektrum Akademischer Verlag, Heidelberg 2008, Seite 334.

Henze, T., Albrecht, H., König, H., Flachenecker, P., Meißner, H., Haupts, M. & Basedow-Rajwich, B. (2013). Der große Patientenratgeber Multiple Sklerose: Symptome besser erkennen und behandeln (3. Aufl.). München: W. Zuckschwerdt Verlag GmbH.

Hery-Moßmann, N. (2018). Selen bei Schilddrüsenerkrankung: So hilft es. Abgerufen am 20.05.2020 unter https://praxistipps.focus.de/selen-bei-schilddruesenerkrankung-so-hilft-es_104946

Heydinger, Jennifer A., Dilip, K. Nakhasi: Medium Chain Triacylglycerols. In: Journal of Food Lipids. 3(4), 1996, Seite 251–257.

Hirschhaeuser, F. & et al. (2011). Lactate: A Metabolic Key Player in Cancer. Cancer Research.

Holm, E. (2007). Mittelkettige Fettsäuren. Stoffwechsel und Ernährung bei Tumorkrankheiten: Analysen und Empfehlungen. Georg Thieme Verlag.

Hopp, M. et al. (2017). Vegane Ernährung als Lebensstil: Motive und Praktizierung. Bundesinstitut für Risikobewertung Wissenschaft, Berlin.

Hopp, Mario, Keller, Tamara, Lange, Stefanie, Epp, Astrid, Lohmann, Mark, Böl, Gaby-Fleur: Vegane Ernährung als Lebensstil: Motive und Praktizierung, Bundesinstitut für Risikobewertung Wissenschaft; Berlin, 2017.

Horton, H. & et al. (2008). Biochemie (4. Aufl.). Pearson Studium.

Huttenlocher, P.R., Wilbourn, A.J., Signore, J.M.: Medium-chain triglycerides as a therapy for intractable childhood epilepsy. In: Neurology. Hagerstown Md 21.1971,11(Nov), 1097–1103.

Jarka, M. (2014). Abnehmen in Ketose. Books on Demand.

Jensen, G. L. et al.: Dietary modification of chyle composition in chylothorax. In: Gastroenterology. 97(3), 1989, Seite 761–765.

Jeppesen, P. B., Mortensen, P. B.: The influence of a preserved colon on the absorption of medium chain fat in patients with small bowl resection. In: Gut. 43(4), 1998, Seite 478–483

Johns Hopkins Medical Institutions, 2010. In: SienceDaily.com. „Despite its temporary side effects, we have always suspected that the ketogenic diet is relatively safe long term, and we now have proof." In: High-Fat Ketogenic Diet to Control Seizures Is Safe Over Long Term, Study Suggests.

Kadiyala, R., Peter, R., & Okosieme, O. (2010). Thyroid dysfunction in patients with diabetes.

Kämmerer, U. & Klement, R. J. (2017). Möglichkeiten und Grenzen der ketogenen Ernährung. Stuttgart: Georg Thieme Verlag.

Kasper, H. (2004). Ernährungsmedizin und Diätetik (10. Aufl.) Elsevier, Urban & Fischer, München.

Kasper, H. (2004). Kost bei Erkrankungen der Gastrointestinalorgane. Ernährungsmedizin und Diätetik (10. Aufl.). Urban und Fischer.

Klein, M. S., Buttchereit, N., Miemczyk, S. P., Immervoll, A. K., Louis, C., Wiedemann, S., Junge, W., Thaller, G., Oefner, P. J., Gronwald, W.: NMR metabolomic analysis of dairy cows reveals milk glycerophosphocholine to phosphocholine ratio as prognostic biomarker for risk of ketosis. In: Journal of Proteome Research. 11, 2012, Seite 1373–1381.

Klement, R. J. & Kämmerer, U. (2016). Kann eine kohlenhydratarme/ketogene Ernährung das Tumorwachstum verzögern? Stuttgart: Georg Thieme Verlag.

Klenoff-Brumberg, K. L., Genen, L. G.: High versus low medium chain triglyceride content of formula for promoting short term growth of preterm infants. In: Cochrane Database Syst. Rev., 2003

Koch, K. (2018). Gicht. Abgerufen am 29.05.2020 unter https://www.gesundheitsinformation.de/gicht.2644.de.html

Korff, R. W. v.: β-hydroxybutyrate and acetoacetate oxydation by heart muscle mitochondria. Fed. Proc.15, 376, 1956.

Kose, E., Guzel, O., Demir, K., Arslan, N.: Changes of thyroid hormonal status in patients receiving ketogenic diet due to intractable epilepsy. In: J Pediatr Endocrinol Metab. Band 30, Nr. 4, 2017, Seite 411–416.

Kossoff, E. H. & Hartman A. L. (2012). Ketogenic diet: new advances for metabolism based therapies. Current Opinion in Neurology, 25 (2), 173–178.

Krämmerer, U. & Reuss-Borst, M. (2006). Ketogene Ernährung in der Onkologie – nur ein Modetrend?

Krebs, H. A., J. Mellanby, and D. H. Williamson: The equilibrium constant of the β-hydroxybutyric-dehydrogenase system. Biochem. J.82, 96, 1962.

Krebs, H. A.: The physiological role of the ketone bodies. Biochem. J.80, 225, 1961.

Krilanovich, Nicholas J.: Benefits of ketogenic diets. In: American Journal of Clinical Nutrition. Band 85, Nr. 1, Januar 2007, Seite 238–239.

Kuhn, V. & Steer, M. (2020). Kann die ketogene Ernährung das Syndrom der polyzystischen Ovarien heilen? Abgerufen am 07.05.2020 unter https://ketoseportal.de/syndrom-der-polyzystischen-ovarien-heilen/

Kuhn, V. (2018). Ketogene Diäten. Vorsicht bei Verzicht auf Kohlenhydrate – eine Klarstellung. Abgerufen am 02.06.2020 unter https://ketoseportal.de/ketogene-diaeten-vorsicht-bei-verzicht-auf-kohlenhydrate-eine-klarstellung/

Kuhn, V., & Steer, M. (2019). Ketogene Ernährung bei Hashimoto. Abgerufen am 20.05.2020 unter https://ketoseportal.de/ketogene-ernaehrung-hashimoto/

Laffel, L.: Ketone Bodies a Review of Physiology Pathophysiology and Application of Monitoring to Diabetes. Diabetes Metab Res Rev, 15(6): 412–426, 1999.

Lehninger, Albert L., Nelson, David L., Cox, Michael M.: Lehninger Biochemie. 3. Auflage. Springer, Berlin 2009, Seite 584ff.

Leslie, Nancy D. et al.: Very Long-Chain Acyl-Coenzyme A Dehydrogenase Deficiency. In: Gene Reviews, 2011.

Löffler, Georg, Petrides, Petro E., Heinrich & Peter C. (Hrsg.). (2007). Biochemie und Pathobiochemie (8. Aufl.). Springer Medizin, Heidelberg.

Lückerath, E. (2011). Diätetik und Ernährungsberatung. Stuttgart: Karl F. Haug Verlag.

Lunow, D. (2016). Hashimoto-Thyreoiditis (Schilddrüsenentzündung). Abgerufen am 19.05.2020 unter https://www.lunow.de/diagnostik/schilddruese/hashimoto-thyreoiditis-schilddruesenentzuendung.html

Lütke, A. (2005). Insulinresistenz in der Praxis erkennen. Abgerufen am 27.04.2020 unter https://www.diabetes-deutschland.de/archiv/3825.htm

Mahmood, S. & et al. (2014). The Framingham Heart Study and the epidemiology of cardiovascular disease: a historical perspective. The Lancet.

Maida, E. (2005). Der große TRIAS-Ratgeber Multiple Sklerose (4. Aufl.). TRIAS.

Martena, B., Pfeuffer, M. & Schrezenmeir, J. (2006). Medium-chain triglycerides. International Dairy Journal, 16 (11).

Mavropoulos, W. S. (2005). The effects of a low-carbohydrate, ketogenic diet on the polycystic ovary syndrome: A pilot study.

Mayorandan, S., Meyer, U., Hartmann, H., A. M. Das: Glycogen storage disease type III: modified Atkins diet improves myopathy. In: Orphanet J Rare Dis. Band 9, 2014, Seite 196.

Medes, G., N. F. Floyd, and S. Weinhouse: Fatty acid metabolism. IV. Ketone bodies as intermediates of acetate oxidation in animal tissues. J. biol. Chem.162, 1946.

Mehnert, H. & Standl, U. (Hrsg.). (2003). Diabetologie in Klinik und Praxis. (5. Aufl.). Thieme, Stuttgart.

Michalk, C. (2017). Leptin: Das unterschätzte Master-Hormon im Stoffwechsel. Abgerufen am 20. 05.2020 unter https://edubily.de/leptin/leptin-stoffwechsel-hormon/

Moilanen, B. C. (2004). Vegan diets in infants, children, and adolescents. Pediatr Rev.

Munzert, R. (2020). Sexualhormone im Überblick. Abgerufen am 08.05.2020 unter https://www.hormonspezialisten.de/sexualhormone/

Nauck, M. & et al. (2017). Definition, Klassifikation und Diagnostik des Diabetesmellitus. Abgerufen am 30.04.2020 unter https://www.deutsche-diabetes-gesellschaft.de/fileadmin/Redakteur/Leitlinien/Praxisempfehlungen/2017/dus_2017_S2_Praxisempfehlungen_3971961_M%C3%BCller-Wieland_Definition__2__Online-PDF.PDF

Neal E. G., Chaffe, H., Schwartz, R. H., Lawson, M. S., Edwards, N., Fitzsimmons, G., Whitney, A., Cross, J. H.: The ketogenic diet for the treatment of childhood epilepsy: a randomised controlled trial. In: The Lancet Neurology. Band 7, Nr. 6, Juni 2008, Seite 500–506.

Nelson, D., Cox, M., Lehninger, A. (2009). Lehninger Biochemie (4. Aufl.). Springer, Berlin.

Neumann, G., Pfützner, A. & Berbalk, A. (1998). Optimiertes Ausdauertraining. Meyer & Meyer, Aachen.

Newport, M. T., Vanltallie, T. B., Kashiwaya, Y., King, M. T. & Veech, R. L. (2015). A new way to produce hyperketonemia: use of ketone ester in a case of Alzheimer's disease. Alzheimers Dement.

Pasteur, L.: Memoire sur la fermentaçion alcoolique. In: Annales de chimie et de physique. 58, 1860, Seite 323–426.

Pfeifer, D. (2016). Keto Basics: Glutenfrei. Sojafrei. Simple! Books on Demand.

Phinney, P., Stephen, D. & Jeff, S. (2011). The Art and Science of Low Carbohydrate Living: An Expert Guide to Making the Life-saving Benefits of Carbohydrate Restriction Sustainable and Enjoyable. Beyond Obesity LLC.

Pigeon, W. R., Carr, M., Gorman, C. & Perlis, M. L. (2010). Effects of a tart cherry juice beverage on the sleep of older adults with insomnia: a pilot study. J. Med. Food.

Platt, M. W., Sanjeev, D.: Metabolic adaptation at birth. In: Seminars in Fetal and Neonatal Medicine. Band 10, Nr. 4, Seite 341–350

Plaxton, W. C. (1996). The organization and regulation of plant glycolysis. Annu Rev Plant Physiol Plant Mol Biol. 4.

Pliquett, M. & Reinke, M. (2015). Albert-Schweitzer-Stiftung für unsere Mitwelt. Wissenschaftsressort.

Position of the American Dietetic Association unter http://www.vrg.org/nutrition/2009_ADA_position_paper.pdf (aufgerufen am 21.08.2018)

Probol, B. (2019). Entzündungen mit gesunder Ernährung lindern. Abgerufen am 20.05.2020 unter https://www.ndr.de/ratgeber/gesundheit/Entzuendungen-hemmen-mit-den-richtigen-Lebensmitteln,entzuendungshemmer100.html

Quant, P.A.: The role of mitochondrial HMG-CoA synthase in regulation of ketogenesis. Essays Biochem, 28: 13–25, 1994.

Racker, E.: History of the Pasteur effect and its pathobiology. In: Mol Cell Biochem. 5(1–2) 1974, Seite 17–23.

Reginald, G. & Grisham, C. M. (2009). Biochemistry (International Student Edition) (4. Aufl.). Cengage Learning Services.

Rehner, G. (2010). Biochemie der Ernährung (3. Aufl.). Heidelberg: Spektrum Akademischer Verlag.

Reichard, G. A., Owen, O. E., Haff, A. C., Paul, P., Bortz, W. M.: Ketone-Body Production and Oxidation in Fasting Obese Humans. J Clin Invest, 53(2): 508–515, 1974.

Reidelbach, S. (2000). Die ketogene Diät. Reha-Verlag.

Reiß, M. (2019). Ernährung bei chronischen Entzündungen. Abgerufen am 20.05.2020 unter https://fet-ev.eu/entzuendungshemmende-ernaehrung/

Rieber, D. (2018). T3, T4 und TSH – was Ihre Schilddrüsenwerte bedeuten. Abgerufen am 20.05.2020 unter https://blog.lavita.de/schilddruesenwerte/

Riseon, Dr. A. (2018). MCT-Öl: Vorteile, Wirkung und auf was es beim Kauf wirklich ankommt. Abgerufen am 21.08.2018 unter https://www.riseon.de/ernaehrung/mct-oel/

Robert Koch-Institut. (2013). Herz-Kreislauf-Erkrankungen. Abgerufen am 16.06.2020 unter https://www.rki.de/DE/Content/Gesundheitsmonitoring/Themen/Chronische_Erkrankungen/HKK/HKK_node.html

Roberts, R. O. et al. (2012). Relative intake of macronutrients impacts risk of mild cognitive impairment or dementia. J Alzheimers Dis, 32 (2), 329-39.

Ronimus R. S., Morgan, H. W. (2003). Distribution and phylogenies of enzymes of the Embden-Meyerhof-Parnas pathway from archaea and hyperthermophilic bacteria support a gluconeogenic origin of metabolism. Archaea 1 (3).

Ruhla, S. & et al. (2010). A high normal TSH is associated with the metabolic syndrome.

Salas-Salvadó, J., Guasch-Ferrã, M., Lee, C.-H., Estruch, R., Clish, C. B. & Ros, E. (2016). Protective effects of the Mediterranean diet on Type 2 diabetes and metabolic syndrome. J. Nutr.

Sautner, J. (2019). Gicht. Abgerufen am 29.05.2020 unter https://www.gesundheit.gv.at/krankheiten/koerper/gicht/inhalt

Schlatterer, C. & et al. (2014). Ketogene Ernährung bei Krebs. Systemmed.

Schlieper, C. (2010). Grundfragen der Ernährung (20. Aufl.). Verlag Handwerk und Technik.

Schmidt, J. (2011). Häufigkeit, Ursachen und Risikogruppen des Vitamin-B12-Mangels. Stellungnahme – Gesellschaft für Biofaktoren (GfB).

Schöfl, C., Schill, T., Geisthövel, F., & Brabant, G. (2004). Polyzystisches Ovarialsyndrom und Insulinresistenz. Abgerufen am 07.05.2020 unter https://www.aerzteblatt.de/archiv/40393

Schwandt, P. (2006). Handbuch der Fettstoffwechselstörungen: Dyslipoproteinämien und Atherosklerose: Diagnostik, Therapie und Prävention. Schattauer.

Schwarz, T. (2010). Veganer.

Shimazu, T. et al. (2013). Suppression of Oxidative Stress by β-Hydroxybutyrate. An Endogenous Histone Deacetylase Inhibitor.

Simhofer, D. (2017). Diabetes-Vorstufe. Abgerufen am 28.04.2020 unter https://www.minimed.at/medizinische-themen/stoffwechsel-verdauung/praediabetes/

Sommer, A. (2020). Candida albicans – erkennen und behandeln. Abgerufen am 16. 06.2020 unter https://cara.care/de/erkrankungen/unterbauch/candida-albicans/

Stipanuk, M. H. & Caudill, M. A. (2013). Biochemical Physiological and Molecular Aspects of Human Nutrition (3. Aufl.). Philadelphia: Elsevier Saunders.

Stump, S. (2008). Fat Malabsorption Syndrome. Nutrition and Diagnosis Related Care (6. Aufl.). Lippincott William & Wilkins.

Swistara, M. (2018). Why I Am a (Pseudo) Vegan. Aufgerufen am 21.08.2018 unter https://theswistaratake.wordpress.com/2016/03/20/why-i-am-a-pseudo-vegan/

Tenore, R. & Heydinger, J. (2005). Galante. Handbook of Functional Lipids. CRC Press.

Tosiaki, Aoyama et al.: Research on the nutritional characteristics of medium chain fatty acids. In: J. Med. Invest. 54(3-4), 2007, Seite 385–388.

Tulipan, J. (2015). Schilddrüsenunterfunktion durch Low-Carb? Mythen von Fakten trennen. Abgerufen am 20.05.2020 unter https://juliatulipan.com/schilddruesenunterfunktion-wegen-kohlenhydratarmer-ernaehrung/

U.S. Dept. Health and Human Services, Fed. Reg. 1996, 61(20): 3118–3173, online. Food additives permitted for direct addition to food for human consumption; Olestra. Food and Drug Administration.

v. Bruchhausen, Franz u. a. (Hrsg.): Hagers Handbuch der Pharmazeutischen Praxis. 5. Auflage, Seite 1059 f.

Veganismus. (2018). Motive, vegan zu sein. Abgerufen am 21.08.2018 unter http://www.veganismus.de/vegan/motive.html

Voet, D. & Voet, J. G. (1994). Biochemie. Wiley-VCH.

Volek, J. S. & et al. (2009). Carbohydrate restriction has a more favorable impact on the metabolic syndrome than a low fat diet. Lipids.

von Sengbusch, P. (2018). Glykolyse und Citratzyklus. Abgerufen am 21.08.2018 unter http://www1.biologie.uni-hamburg.de/b-online/d19/19c.htm

WAHRIG.digital, Veganismus:, Wissen Media Verlag GmbH, Gütersloh/München, 2005

Warburg, O.: On the origin of cancer cells. Science 1956, 123:309–14.

Waters, E. T., Fletcher, J. P., Mirsky, J. A.: Relation between carbohydrate and β-hydroxybutyric acid utilisation by heart lung preparations. Amer. J. Physiol.122, 542, 1938.

Westman, E. (2011). Die aktuelle Atkins Diät (4. Aufl.). Goldmann.

Westman, Eric C: Is dietary carbohydrate essential for human nutrition? In: American Journal of Clinical Nutrition. Band 75, Nr. 5, Mai 2005, Seite 951–953.

Williamson, D. H., J. Mellanby, and H. A. Krebs: Enzymic determination ofd(–)-β-hydroxybutyric acid and acetoacetic acid in blood. Biochem. J.82, 90, 1961.

Wolfram, G. (2001). Sind MCT-Fette die Fettsensation? Ernährungsumschau.

Woolf, E. C., Seyd, N. & Scheck, A. C. (2016). Tumor Metabolism, the Ketogenic Diet and β-Hydroxybutyrate: Novel Approaches to Adjuvant Brain Tumor Therapy. Front Mol Neurosci.

Worm, N. (1993). Vergleichsuntersuchung zur körperlichen Leistungsfähigkeit von Veganern, (Ovo-)Lacto-Vegetariern und Gemischtköstlern. Justus-Liebig-Universität Gießen.

Worm, N. (2008). Ernährung beim polyzystischen Ovarialsyndrom. Gynäkologie.

Youm, Y. H. & et al. (2015). Ketone body β-hydroxybutyrate blocks the NLRP3 inflammasome-mediated inflammatory disease.

Zhou, W., Mukherjee, P., Kiebish, M., Markis, W., Mantis, J., & Seyfried, T. (2007). The calorically restricted ketogenic diet, an effective alternative therapy for malignant brain cancer.

Zieren, P. (2020). Bedeutung des Jods für die Schilddrüse. Abgerufen am 20.05.2020 unter https://www.deutsches-schilddruesenzentrum.de/wissenswertes/funktion-der-schilddruese/bedeutung-des-jod-fuer-die-schilddruese/ abgerufen

Zieren, P. (2020). Diagnose einer Schilddrüsenerkrankung. Abgerufen am 18.05.2020 unter https://www.deutsches-schilddruesenzentrum.de/wissenswertes/schilddruesendiagnostik/

Zieren, P. (2020). Schilddrüsenunterfunktion (Hypothyreose). Abgerufen am 13.05.2020 unter https://www.deutsches-schilddruesenzentrum.de/wissenswertes/schilddruesenerkrankungen/schilddruesenunterfunktion/#

Zieren, P. D. (2020). Funktion und Aufgabe der Schilddrüse. Abgerufen am 13.05.2020 unter https://www.deutsches-schilddruesenzentrum.de/wissenswertes/funktion-der-schilddruese/

Wenn Essen süchtig macht ...

- Mit der 21-Tage-Challenge den Teufelskreis aus Kontrollverlust und ungesundem Essen durchbrechen und den Weg zu einer gesunden Ernährung finden
- Für übergewichtige Menschen sowie Personen, die ihr Essverhalten nicht unter Kontrolle bringen können oder unter ihrer Ernährungsweise leiden

Stand 2021. Änderungen vorbehalten.

Silke Rosenbusch

Raus aus der Esslust-Falle

136 Seiten
15,5 x 21,0 cm, Softcover
ISBN 978-3-8426-4222-5
€ 19,99 (D) / € 20,60 (A)

Der Ratgeber ist auch als eBook erhältlich.

humboldt
...bringt es auf den Punkt.

Bibliografische Information der Deutschen Nationalbibliothek
Die Deutsche Nationalbibliothek verzeichnet diese Publikation in der deutschen Nationalbibliografie; detaillierte bibliografische Daten sind im Internet über http://dnb.ddb.de/ abrufbar.

ISBN 978-3-8426-3002-4 (Print)
ISBN 978-3-8426-3003-1 (PDF)
ISBN 978-3-8426-3004-8 (EPUB)

Abbildungen:
Titelmotiv: Karina Haufe
Karina Haufe: 5, 76/77, 79, 83, 85, 89, 91, 97, 101, 109, 113, 121, 149, 157
stock.adobe.com: tbralnina: 6/7; anaumenko: 21; nadianb: 54/55; masakato11: 67; tycoon101: 94; mizina: 115; Anjelika Gretskaia: 119; Jiri Hera: 144; lecic: 158
iStockphoto.com: Lehner: 104
123rf.com: Olga Lyubkin: 117, Elena Elisseeva: 143

Originalausgabe

Die Ratgebermarke der Schlüterschen Verlagsgesellschaft mbH & Co. KG
Hans-Böckler-Allee 7, 30173 Hannover
www.humboldt.de
www.schluetersche.de

Aus Gründen der besseren Lesbarkeit wurde in diesem Buch die männliche Form gewählt, nichtsdestoweniger beziehen sich Personenbezeichnungen gleichermaßen auf Angehörige des männlichen und weiblichen Geschlechts sowie auf Menschen, die sich keinem Geschlecht zugehörig fühlen.
Autorin und Verlag haben dieses Buch sorgfältig erstellt und geprüft. Für eventuelle Fehler kann dennoch keine Gewähr übernommen werden. Weder Autorin noch Verlag können für eventuelle Nachteile oder Schäden, die aus in diesem Buch vorgestellten Erfahrungen, Meinungen, Studien, Therapien, Medikamenten, Methoden und praktischen Hinweisen resultieren, eine Haftung übernehmen. Insgesamt bieten alle vorgestellten Inhalte und Anregungen keinen Ersatz für eine medizinische Beratung, Betreuung und Behandlung.
Etwaige geschützte Warennamen (Warenzeichen) werden nicht besonders kenntlich gemacht. Daraus kann nicht geschlossen werden, dass es sich um freie Warennamen handelt.

Lektorat: Lektorat: Linda Strehl, wort + tat, München
Layout: Groothuis, Lohfert, Consorten, Hamburg
Covergestaltung: Zero, München
Satz: Die Feder, Konzeption vor dem Druck GmbH, Wetzlar
Druck und Bindung: Gutenberg Beuys Feindruckerei GmbH, Langenhagen